KB163486

리케,

세계에서 가장 행복한 사람들의 비밀

First published as THE LITTLE BOOK OF LYKKE 2017

This edition published 2018

Original English language edition first published by Penguin Books Ltd, London

리케 LYKKE

세계에서 가장 행복한 사람들의 비밀

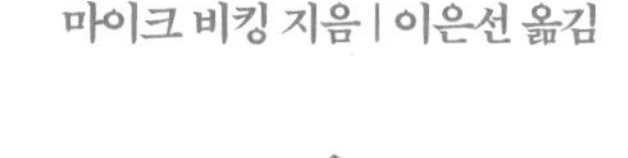

마이크 비킹 지음 | 이은선 옮김

흐름출판

일러두기

- 국립국어원 외래어 표기법을 따랐으며 일부 관례로 굳어진 것은 예외로 두었다.
- 덴마크 단어 LYKKE의 외래어 표기법은 뤼케가 맞으나, 우리나라 발음상 편의를 위해 리케로 표기했다.
- 연구와 논문은 〈 〉로 단행본과 저널, 텔레비전 프로그램이나 영화와 같은 개별 작품은《 》로 묶어 표기했다.
- 원서의 제목은《THE LITTLE BOOK OF LYKKE》로 2017년에 최초 출간되었다. 따라서 여기에서 인용하고 있는 연구나 논문의 결과는 2017년을 기준으로 삼는다. 개별 그래프와 도표의 출처는 각 데이터에 따로 표기하였다.

행복을 찾아가는 여정,

지금은 이 세상의 좋은 점을 찾아야 할 때다.

한국은 전 세계에서 가장 열심히 행복에 대해 질문을 던지는 나라다

한국의 이야기는 여러 면에서 전 세계의 이야기이기도 하다. 세상은 더 풍요로워졌지만 사람들은 예전보다 행복하지 않다. 한국은 단기간에 놀라운 경제 성장을 일궜다. 하지만 삶의 질까지 개선되지는 않았다.

현대인은 엄청난 스트레스에 시달린다. 남들보다 앞서 나가고 성공해야 한다는 중압감에 시달린다. 내가 보기에 한국 사람들은 특히 더 그런 것 같다. 젊은 세대들은 더욱 심하다. 공부를 잘해서 소위 말하는 명문 대학에 들어가야 한다는 중압감이 어마어마하다.

나는 한국을 방문할 때마다 한국인의 기상과 변화를 향한 갈망에 감명받는다. 한국 사람들이 부패한 정부와 싸우기 위해 길거리로 나서는 광경을 직접 목격했다. 일과 삶의 보다 나은 균형을 꿈꾸는 목소리를 들었다. 사회를 개선할 방법을 찾아 덴마크로 온 그들을 만났다. 어떻게 하면 더 나은 사회가 되도록 도시와 정책을 설계할 수 있을까? 어떻게 하면 삶을 누릴 수 있는 바람직한 조건을 마련할 수 있을까? 이것은 나와 수많은 행복 연구가들이 해답을 찾으려고 애써온 문제이기도 하다.

전 세계의 사람들이 행복연구소를 찾아온다. 그중에서도 한국인들이 가장 열심히 질문을 던진다. 이 책이 행복의 물음에 대한 열쇠를 찾는 데 도움이 되면 좋겠다. 이 책을 통해 더 나은 미래를 창조할 수 있으면 좋겠다.

마이크 비킹

Meik Wiking

차례

한국어판 서문

한국은 전 세계에서 가장 열심히 행복에 대해 질문을 던지는 나라다 _006

1장

행복을 찾아 나서는 것

행복한 사람들에게는 어떤 공통점이 있을까? 018

과연 덴마크는 행복한 나라일까? 024

2장

행복의 측정 방법

행복은 어떤 식으로 측정할 수 있을까? 032

행복의 세 가지 영역 038

3장

따로 또 같이의 균형

음식과 모닥불이 있는 풍경 044

HAPPINESS TIP 프랑스 사람들처럼 식사하라 050

북유럽인들의 공동체 의식 052

공동체로 만들어가는 행복 055

공동체를 조성하는 다섯 가지 방법 062

CASE STUDY 샤니 이야기 067

HAPPINESS TIP 길거리를 공동체로 만들어라 073

누군가와 함께할 때 행복하다 074

HAPPINESS TIP 네덜란드 사람들처럼 이웃의 날을 기념하라 078

디지털 소통의 시대, 오프라인으로 교감하라 080

HAPPINESS TIP 함께 아날로그 시간을 보내자 082

세계 각국의 공존 사례 084

4장

돈이 행복에 미치는 영향

순진하기만 한 어린아이는 없다 088

맨 처음 먹은 케이크가 가장 맛있다 090

기대와 야망이 행복에 미치는 영향 092

HAPPINESS TIP 과정에서 느껴지는 행복에 방점을 찍어라 098

기대감은 행복의 원천이 될 수 있다 099

HAPPINESS TIP 손꼽아 기다릴 수 있는 경험을 구매하자 101

과시적 소비는 행복과 멀어지게 한다 102

돈은 더 많지만 더 행복하지는 않은 108

행복과 경제적인 능력 분리하기 110

CASE STUDY 미셸 이야기 112

HAPPINESS TIP 소비를 추억이나 경험으로 연결하자 115

돈 들이지 않고 행복을 누릴 수 있는 세 가지 방법 116

경제적인 능력을 행복으로 치환하기 120

물건이 아니라 추억에 투자한다 123

HAPPINESS TIP 경험은 행복을 위한 투자다 125

HAPPINESS TIP 좀 더 의미 있는 경험에 투자하라 128

행복으로 얼마만큼의 경제적 여유를 살 수 있을까? 130

세계 각국의 돈을 행복으로 치환하려는 노력 132

5장

행복의 필수 요건, 건강

건강과 행복의 상관관계 136

두 바퀴로 달리는 바이킹족 141

HAPPINESS TIP 자전거를 타라 144

건강에 좋은 습관은 언제 시작해도 늦지 않다 146

도시와 사회의 평형 장치 150

HAPPINESS TIP 날마다 조금씩 더 움직이기 156

기분 좋은 이동 수단 158

자연이 우리의 행복과 건강에 미치는 영향 161

HAPPINESS TIP 숲에서 계절의 첫날에 인사를 건네자 163

마음 챙김이 행복지수를 높일까? 164

정신 건강에 대한 오해와 편견 166

HAPPINESS TIP 정신 질환에 대해 대화의 물꼬를 트자 169

세계 각국의 건강을 증진하는 문화 170

6장

진정한 행복은 자유로부터

자유 174

일과 삶의 균형 178

부모가 느끼는 행복의 격차 184

HAPPINESS TIP 제2의 할머니, 할아버지를 만들자 189

CASE STUDY 루이스와 톰 이야기 190

어떻게 일하며 살 것인가 193

시간을 현명하게 쓰는 다섯 가지 방법 198

자유로운 일터 200

HAPPINESS TIP '고요한 화요일' 캠페인을 실시하자 202

출퇴근 시간과 행복의 상관관계 203

세계 각국의 삶과 일의 균형 208

7장

우리가 함께 만들어가는 신뢰

행복의 여섯 가지 요소 가운데 하나, 신뢰 212

HAPPINESS TIP 동료들끼리 칭찬함으로써 서로 신뢰를 쌓는다 215

잃어버린 지갑 실험 216

공감과 협동심으로 행복을 키우다 221

신뢰에는 돈이 들지 않는다 225

HAPPINESS TIP 경쟁을 협동으로 바꾸자 227

아이들의 공감능력을 기르는 다섯 가지 방법 228

한국은 미모와 지성의 무한 경쟁 사회 229

호랑이 엄마 밑에서 자랐는가, 코끼리 엄마 밑에서 자랐는가 234

까마득한 계층의 사다리 238

이웃의 행복이 나의 행복에 영향을 미친다 242

HAPPINESS TIP 다른 사람을 이해해보라 244

세계 각국의 신뢰 246

8장

헬퍼스 하이, 친절한 마음씨

친절한 마음씨 250

HAPPINESS TIP 친절로 무장한 비밀 슈퍼 히어로가 되어보자 252

이번 주에 해야 할 다섯 가지 친절한 행동 255

좋은 일을 하면 기분이 좋아진다 256

HAPPINESS TIP 세계 친절의 날을 기념하자 258

남을 돕는 기쁨이 나의 행복을 만든다 259

CASE STUDY 소피 이야기 262

HAPPINESS TIP 헬퍼스 하이를 실천해보자 265

'뚱한 표정'으로 악명 높은 나라? 266

HAPPINESS TIP 미소를 머금고 모르는 사람에게 말 걸기 271

눈 먼 사람도 볼 수 있는 언어 272

HAPPINESS TIP 묻지 말고 그냥 도와라 275

친절은 행복을 낳는다 278

HAPPINESS TIP 우연한 친절 운동가 되기 281

세계 각국의 친절 282

9장

퍼즐 조각들을 끼워 맞추면

우리가 부정적인 측면에 초점을 맞추는 이유_286

행복의 퍼즐 조각을 모아서_291

HAPPINESS TIP 아직 이 세상은 살 만한 곳이라는 느낌을 심어보자_295

에필로그

우리에게는 방법을 모색하려는 태도가 필요하다 _296

1장

행복을 찾아 나서는 것

행복한 사람들에게는 어떤 공통점이 있을까?

우리는 우리가 사는 세상의 좋은 점을 볼 필요가 있다.

리타는 소비에트연방공화국 시절 라트비아에서 성장기를 보냈다. 공포와 불신의 시대였다. 모든 창문은 커튼으로 가려졌고 의심과 결핍이 공동체를 규정했다. 어쩌다 한 번씩 베트남에서 바나나를 실은 트럭이 왔다. 바나나를 언제 또 볼 수 있을지 알 수 없었기 때문에 리타와 그녀의 가족은 여건이 허락하는 한 최대한 많은 바나나를 샀다.

그러고 나면 기다림의 시간이 시작됐다. 바나나가 아직 파래서 먹을 수 없는 상태였기 때문이다. 그들은 바나나를 좀 더 빨리 익히기 위해 어두컴컴한 찬장에 넣어두었다. 오십 가지 잿빛으로 이루어진 도시에서 파랗던 바나나가 점점 노랗게 변하는 과정을 지켜보는 것은 그야말로 마법 같았다. 어렸을 때 리타는 세상에 세 가지 색만 존재하는 줄 알았다. 검은색, 회색 그리고 갈색. 그녀의 아버지는 세상의 아름답고 다채로운 빛깔을 보여주기 위해 그녀의 손을 붙잡고 온 도시로 보물찾

기에 나섰다. 다채로운 빛깔, 아름다운 것, 세상의 모든 좋은 것을 찾아 나섰다.

바로 이것이 이 책의 집필 의도다. 여러분과 함께 보물찾기를 떠나는 것. 행복을 찾아 나서는 것. 이 세상에 존재하는 좋은 것을 찾아 나서는 것. 그리고 그것을 널리 알리고 퍼뜨릴 수 있도록 다 같이 힘을 모으는 것. 아이디어를 전파하는 데 있어 책은 훌륭한 도구다. 내 전작《휘게 라이프》는 덴마크 사람들이 생각하는 '일상의 행복'이라는 개념을 전 세계 사람들에게 퍼뜨렸다. 독자들을 삶의 소소한 즐거움에 집중하도록 이끌었다. 책을 출간한 순간부터 전 세계 독자들의 다정한 편지가 나에게로 쇄도했다.

그런 독자들 가운데 한 사람인 새러를 소개한다. 그녀는 영국에서 5세 정도의 아이들을 가르치는 교사로, 아동의 정신건강과 행복이 학

LYKKE
LUUH
KAH

습 능력에 미치는 영향에 대해 오래전부터 관심을 가져왔다. "당신의 책을 읽고 수업 시간에 휘게hygge를 도입하기로 했어요." 그녀는 교실에 꼬마전구를 설치하고 아이들과 간식을 나누어 먹고 촛불을 밝히고 다 같이 동화를 읽었던 경험에 대해 말했다. "화이트보드에 모닥불 화면을 띄워서 좀 더 아늑한 분위기를 연출하기도 했지요. 크리스마스 이후 길고 지루한 겨울 동안, 덕분에 학생들과 교직원들의 분위기가 얼마나 밝아졌는지 몰라요. 그런 분위기가 아이들에게 미치는 영향을 측정할 방법을 고민 중이에요. 물론 굳이 측정하지 않아도 편안하게 미소를 짓고 있는 아이들의 표정만 봐도 그런 분위기가 아이들을 행복하게 만든다는 사실을 알 수 있지만요!"

코펜하겐 행복연구소장으로서 나의 기본적인 업무는 바로 이런 것이다. 쉽게 말해, 행복을 측정하고 이해하고 생성하는 것이다. 행복연구소는 인간이 느끼는 행복의 인과 관계를 분석하고 전 세계 사람들의 삶의 질을 개선할 방법을 모색하고 있다.

이런 일을 하는 덕분에 코펜하겐 시장부터 멕시코의 노점상 주인, 인도의 택시 기사부터 아랍에미리트연합국의 행복부 장관에 이르기까지 전 세계의 많은 사람들과 이야기를 나눌 수 있었다. 나는 그들과의 대화를 통해 두 가지 깨달음을 얻었다. 첫 번째 깨달음은 덴마크, 멕시코, 인도, 아랍에미리트 등 저마다 국적은 다를지 몰라도 우리는 어디까지나 '인간'이라는 것이다. 우리는 서로 많이 다르지 않다. 코펜하겐 시민과 과달라하라 시민의 희망, 뉴욕 시민과 델리 시민 그리고 두바이 시민의 꿈은 모두 '행복'이라는 동일한 불빛을 가리키고 있다. 행복은 덴마크어로는 '리케lykke'이지만 스페인어로는 '펠리시다드felicidad',

독일어로는 '글뤼크glück', 프랑스어로는 '보뇌르bonheur'라고 한다. 행복을 뭐라고 부르든, 이야기책을 읽어주는 시간이 되면 수업을 받던 아이들의 얼굴이 미소로 환해지는 것은 전 세계 어디에서나 마찬가지일 것이다.

몇 년 전 나는 친구들과 함께 이탈리아로 스키를 타러 간 적이 있다. 하루 일과를 마치고 통나무집 발코니에 앉아 햇볕을 쬐며 커피를 마시고 있을 때였다. 누군가가 냉장고에 남은 피자가 있다는 사실을 기억해냈다. 내가 외쳤다. "이런 게 행복 아니야? 내가 생각하기에는 그런 것 같은데."

나만 그렇게 생각한 게 아니었다. 발코니에 앉아 있는 친구들은 덴마크, 인도, 미국으로 저마다 국적이 달랐지만 다들 3월의 포근한 햇살이 내리쬐는 가운데 눈으로 덮인 아름다운 산을 바라보며 다 같이 음식을 나누어 먹는 것이야말로 행복에 가깝다고 생각했다. 다른 대륙에서 태어나 다른 문화 속에서 성장하고 다른 나라 언어로 교육을 받았어도 이것이 행복이라는 데는 다 같이 공감했다.

좀 더 거시적이고 과학적인 관점에서 보면, 우리는 행복 관련 데이터를 통해 다음과 같은 것들을 파악할 수 있다. 행복한 사람들에게는 어떤 공통점이 있을까? 국적이 덴마크건 미국이건 인도건 사람들이 말하는 행복의 공통분모는 무엇일까? 행복연구소에서는 행복, 만족감, 삶의 질에 영향을 미치는 중요한 요소가 무엇인지 분석하고 있다.

이제 여러분을 행복연구소의 고향으로 안내하려고 한다. 행복의 수도, 코펜하겐으로 말이다.

과연 덴마크는 행복한 나라일까?

오후 4시 코펜하겐. 하교 시간에 맞춰 아이를 데리러 가느라 도로는 자전거족으로 북적거린다. 52주의 유급 출산 휴가를 같이 신청한 젊은 부부가 바닷가를 산책하고 있다. 몇몇 학생이 깨끗한 항구에서 아무런 걱정 없이 헤엄치고 있다. 덴마크는 대학교 학비가 공짜일 뿐 아니라 정부에서 젊은이들에게 매달 세후 590파운드(한화 약 87만 원 정도)의 금액을 지원해주기 때문에 아무 걱정 없이 청춘을 만끽할 수 있다. 이렇듯 덴마크에서는 거의 모든 게 아무 문제없이 돌아간다. 4년 전에 열차 한 대가 5분 정도 연착하는 사건이 벌어진 적이 있긴 하다. 승객들은 덴마크 총리가 보낸 사과 편지와 함께 원하는 디자인의 명품 의자를 보상으로 받았다. 지난 10년 동안 이런 기사들이 뉴스 헤드라인을 장식했으니 덴마크가 유토피아처럼 느껴질 수도 있을 것이다.

이쯤에서 한 가지만 짚고 넘어가자면 나는 행복 과학자이자 일개 시민으로서 덴마크의 엄청난 팬이다. 자전거를 타고 안전하게 통학하는 일곱 살짜리 아이들을 보면 절로 미소가 지어진다. 잠든 아이가 누

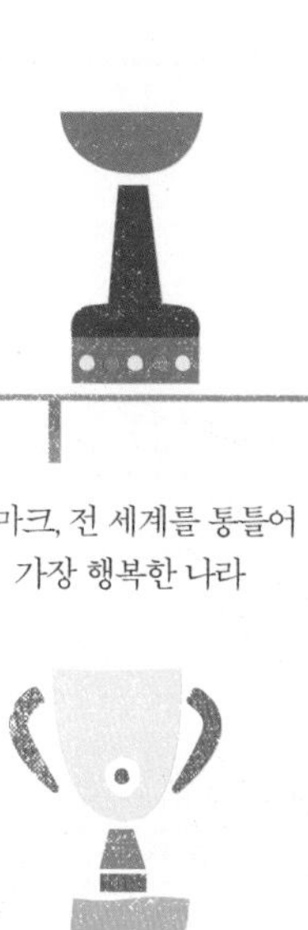

덴마크, 전 세계를 통틀어
가장 행복한 나라

코펜하겐,
행복의 수도

덴마크, 언제나 즐거움이
한창인 곳

전 세계를 통틀어
가장 행복한 곳

덴마크, 전 세계를 통틀어
가장 행복한 나라로
또 다시 공식 지정되다.

〈세계 행복 보고서〉:
덴마크에서 살아야 함

B.T.

워 있는 유모차를 아무 걱정 없이 카페 밖에 세워놓은 풍경을 보면 절로 미소가 지어진다. 코펜하겐의 깨끗한 내항에서 헤엄치는 사람들을 보면 절로 미소가 지어진다.

누구나 무료로 보편적인 의료 혜택을 누릴 수 있고, 수입과 관계없이 아이를 대학교에 보낼 수 있으며, 남자아이든 여자아이든 성과 무관하게 총리가 되는 상상을 할 수 있다. 유엔이 〈세계 행복 보고서〉에서 덴마크를 전 세계에서 가장 행복한 나라 중 한 곳으로 꼽을 만하다. 과연 그렇다고 해서 덴마크가 완벽한 사회일까? 그건 아니다. 덴마크가 높은 수준의 삶과 행복을 누릴 수 있도록 국민들에게 비교적 양호한 환경을 제공하고 있을까? 그건 맞다.

지난해 발표된 연구 결과에 따르면 일본인의 평균 수명이 전 세계에서 가장 긴 것으로 밝혀졌다. 그렇다고 해서 모든 일본인이 정확히 83.7년을 사는 건 아니다. 이와 마찬가지로 덴마크가 전 세계를 통틀어 가장 행복한 나라 명단에서 높은 등수를 차지한 것은 사실이지만, 이 같은 순위는 평균을 근거로 산정된 것임을 알아야 한다. 예를 들어, 가장 최근에 발표된 〈세계 행복 보고서〉에서 덴마크 국민들의 행복지수는 평균 0~10점 중에서 7.5점으로 나왔다. 이것은 덴마크라는 나라가 어떤 부분은 아주 잘 돌아가고 있지만 또 어떤 부분은 형편없다는 뜻으로도 해석할 수 있다.

스칸디나비아 3국의 행복 순위가 높을지 몰라도 행복이 덴마크나 노르웨이, 스웨덴의 전매특허는 아니다. 내가 덴마크에서 사는 동안 터득한 교훈이 있다면 삶의 질에 대해서라면 스칸디나비아 3국에서 배울 게 많을 수 있어도 행복에 대해서라면 전 세계 모든 사람들에게서 깨달

음을 얻을 수 있다는 것이다. 행복의 열쇠는 전 세계 곳곳에 묻혀 있다. 그것을 한데 모으는 것이 이 책의 목적이다.

〈세계 행복 보고서〉에 따르면 가장 행복한 나라와 가장 불행한 나라의 행복지수는 4점 정도 차이가 나는데, 이 4점 가운데 3점은 여섯 가지 요소로 설명된다. 공동체 의식, 돈, 건강, 자유, 신뢰 그리고 친절이 그것이다. 나는 이 여섯 가지 항목이 행복에 영향을 미치는 이유를 파악하고, 전 세계 사람들을 통해 행복의 교훈을 터득할 것이다. 이를 통해 지금보다 행복해질 수 있는 방법을 찾아보려고 한다. 그리고 궁극적으로 이런 조각들을 한데 모아서 행복으로 향하는 보물지도를 만들어 보려고 한다.

그런데 행복의 편차가 생기는 원인의 80퍼센트는 국가에서 기인한다. 그러니까 아주 행복한 덴마크 국민이 있는가 하면 아주 불행한 덴마크 국민도 있고, 아주 행복한 토고 국민이 있는가 하면 아주 불행한 토고 국민도 있다는 말이다. 하지만 각 나라의 정책을 살피는 것과 삶을 대하는 우리의 태도와 관점을 살피는 것은 전혀 별개의 문제다.

그렇다면 전 세계에서 가장 행복한 사람들의 공통분모는 무엇이고, 행복과 관련해서 전 세계 사람들에게 어떤 교훈을 얻을 수 있으며, 행복해지려면 어떻게 해야 할까? 이것이 바로 이 책에서 해답을 찾고자 하는 질문이다. 이 책에서는 전 세계를 통틀어 가장 행복한 사람들의 비밀을 파헤치고 이 세상에 존재하는 좋은 것들을 찾아 나설 것이다.

2장

행복의
측정 방법

행복은 어떤 식으로 측정할 수 있을까?

2016년 11월 9일 아침, 호텔 비상벨 소리 때문에 새벽 5시에 눈을 떴다. 나는 인터뷰가 몇 건 잡혀서 파리에 머물고 있었다. 이 도시는 테러 공격 1주기를 앞두고 있었다. 눈도 제대로 뜨지 못한 투숙객들이 가운 차림으로 하나둘 로비에 모여들었다. 오전 5시 30분쯤 호텔 측이 경보를 해제했지만 다시 잠을 자는 건 물 건너간 것 같았다. 온몸에선 여전히 아드레날린이 분출되고 있었다. 게다가 아시아에 다녀온 지 얼마 되지 않아 시차에 적응하지 못한 상태였다. 일이나 하자는 생각에 노트북을 꺼내려고 서류가방을 열었다. 그제야 새로 산 노트북을 비행기에 두고 내렸다는 사실을 깨달았다. 이 책의 앞부분 원고를 백업해놓지도 않았는데 말이다.

나 자신에게 화가 나고 피곤했다. 뭔가 기분 전환될 만한 일을 찾고 싶었다. 그때 미국 대통령 선거 개표가 떠올랐다. 미국 역사상 최초인 여성 대통령의 당선 연설을 들으면 기분이 좋아질지 모른다는 생각에 뉴스를 켰다.

그날 나는 인터뷰 약속이 8건이나 잡혀 있었다. 8명의 기자들이 물어볼 가능성이 가장 높은 질문은 이거였다. “행복을 연구하시잖아요. 그럼 소장님은 지금 얼마나 행복하신가요?” 나는 얼마나 행복할까? 그 감정을 수치로 환산할 수 있는 방법이 있을까? 행복은 어떤 식으로 측정할 수 있을까?

수세기 동안 인류가 행복을 측정해온 방식을 한마디로 요약하면 이렇다. 오랜만에 만난 두 친구가 있다. “어떻게 지내?” 한 친구가 다른 친구에게 묻는다. “나는 1년에 4만 800유로를 벌어.” 실제로 이런 식으로 얘기하는 사람은 없을 테지만 행복을 측정하는 전통적인 방식은 대개 이렇다. 우리는 돈이 곧 행복이라고 믿는다. 그런데 돈이 행복의 중요한 요소일 수도 있지만 전부라고 할 수는 없다.

안타깝게도 우리는 최근까지 이런 식으로 행복을 측정해왔다. 소득을 삶의 질이나 웰빙의 잣대로 삼았고, 1인당 국민소득을 한 나라의 발전 지표로 삼았다. 소득은, 국민소득이든 개인소득이든 객관적이기 때문이다. 하지만 행복은 그렇지 않다. 행복은 주관적이다. 행복연구소에서 행복을 측정한다고 하면 사람들은 종종 이런 반응을 보인다.

"행복을 어떻게 측정할 수 있죠?
그건 지극히 주관적인 건데요."

그렇다. 행복은 당연히 주관적이고 또 주관적이어야 한다. 그 점에 대해 왈가왈부할 생각은 없다. 내가 관심을 가지고 연구하는 부분은 당신이 당신의 삶에 대해 어떻게 생각하느냐이다. 중요한 건 바로 그것이다. 행복한지 그렇지 않은지 가장 잘 아는 사람은 자기 자신이다. 그렇기 때문에 당신이 우리의 새로운 측정 기준이고, 나는 당신이 느끼는 감정의 이유를 분석하려고 한다. 멋진 차를 굴리며 더 넓은 집에서 완벽한 배우자와 함께 사는 이웃보다 당신이 더 행복하다면 우리 기준에서 당신은 제대로 살고 있는 것이다.

주관적인 항목은 측정하기 어렵지만 아예 불가능한 일은 아니다. 스트레스, 불안, 우울증도 주관적인 증상이지만 측정이 된다. 결국 우리가 우리 삶을 어떤 식으로 인식하는지가 관건이다.

행복의 의미는 사람마다 다를 수 있다. 당신이 생각하는 행복과 내가 생각하는 행복은 다를 수 있다. 저마다 다른 것을 가리키며 행복이라고 지칭하기 때문에 과학적으로 접근하기가 어려워진다. 따라서 먼

저 행복이라는 개념을 여러 부분으로 나눠 해부해봐야 한다.

예를 들어, 경제 상황을 분석하려면 국민총생산, 성장률, 금리, 실업률 등 여러 가지 지표로 나눠 분석한다. 각각의 지표를 통해 현재 경제가 어떤 상황인지 추가 정보를 얻기도 한다. 행복 역시 마찬가지다. 행복은 여러 가지를 포괄하는 개념이기 때문에 행복을 이루는 요소들을 분해해 하나씩 분석해봐야 한다. 다시 파리에서 맞이한 그날 아침으로 돌아가보자. 나는 얼마나 행복했을까?

그때 내 기분이 어땠는지 분석해보면 노트북을 깜빡한 나 자신에게 화가 났고, 피곤했고, 수많은 미국인이 앞으로 4년 동안 힘든 시기를 보내게 됐다는 소식을 접하고 슬펐다. 행복했느냐고? 별로 그렇지 않았다. 햇볕이 쏟아지는 알프스의 통나무집 발코니에서 친구들과 남은 피자를 나누어 먹었을 때하고는 거리가 멀어도 한참 멀었다. 하지만 한편으로는 북 투어를 통해 전 세계인들과 대화할 수 있는 소중한 경험을 하고 있었으니 전반적으로는 삶이 나쁘지 않았다.

행복의 세 가지 영역

'지금 행복한 것'과 '전반적으로 행복한 것'을 구분해야 한다. 이 두 가지 양상은 각각 '정서적인 영역'과 '인지적인 영역'이라고 불린다.

정서적인 영역은 우리가 날마다 느끼는 감정의 영역이다. 어제를 돌이켜보라. 당신은 우울했는가, 슬펐는가, 불안했는가, 걱정됐는가? 웃은 적이 있는가? 행복하다고 느꼈는가? 사랑받고 있다고 느꼈는가?

인지적인 영역을 분석하려면 한 걸음 뒤로 물러나 인생을 평가해야 한다. 당신은 얼마나 만족스러운 삶을 살고 있는가? 전반적으로 얼마나 행복한가? 최상의 시나리오와 최악의 시나리오를 생각해보자. 당신의 현재 위치는 어디쯤에 해당하는가? 당신의 기준에서는 부와 명예를 누리는 것이 가장 바람직한 인생일 수도 있고, 집에서 홈스쿨링으로 아이들을 키우는 것이 가장 바람직한 인생일 수도 있다. 행복을 평가할 때는 자신의 꿈이 무엇이고, 그 꿈과 어느 정도로 가깝게 살고 있다고 느끼는지가 중요한 요소다.

물론 정서적인 영역과 인지적인 영역은 서로 연결되어 있고, 어느 정도 중첩되기도 한다. 긍정적인 감정들로 충만한 하루하루를 보내는 사람은 인생의 만족도가 전반적으로 높을 가능성이 크다. 그런가 하면 엉망진창인 아침을 보냈더라도 전반적으로는 잘 살고 있는 것처럼 느껴질 수도 있다.

조금 더 복잡해질 수도 있지만, 행복에는 '에우다이모니아 eudaimonia'라는 세 번째 영역이 있다. 에우다이모니아는 고대 그리스어로 행복이라는 뜻으로, 아리스토텔레스가 생각한 행복의 개념을 근간으로 두고 있다. 그의 관점에서 훌륭한 삶은 의미와 목적이 있는 삶이었다. 이 책에서 나는 주로 총체적인 행복, 그러니까 전반적으로 잘 살고 있다고 느끼는 인지적인 영역에 대해 이야기할 테지만 일상적인 감정과 목적의식도 짚고 넘어갈 것이다.

행복연구소는 이 세 가지 영역에 대한 분석이 끝나면 시간을 두고 과학적으로 추적 관찰한다. 우리는 대규모 그룹을 장기적으로 관찰하면서 삶의 변화가 그들의 행복에 어떤 영향을 미치는지 분석한다. 1만 명 정도로 이뤄진 집단을 추적 관찰하면 행복에 지대한 영향을 미치는 엄청난 변화를 감지할 수밖에 없다. 만남을 시작하는 사람도, 만남을 정리하는 사람도 있을 것이다. 승진하는 사람도, 해고당하는 사람도 있을 것이다. 런던으로 이사하는 사람도, 런던에서 다른 곳으로 이사하는 사람도 있을 것이다. 누군가의 가슴에 상처를 남기는 사람도, 상처를 받는 사람도 있을 것이다. 분명 좋은 날이 있는가 하면 궂은 날도 있을 것이고, 성공하는 날이 있는가 하면 실패하는 날도 있을 것이다. 그리

2013년~2017년 〈세계 행복 보고서〉 통계

1위	2위	3위
덴마크 **7.57**	스위스 **7.56**	노르웨이 **7.55**

0부터 10까지 점수를 매겼을 때 평균 행복지수

아이슬란드	**7.48**	오스트리아	**7.17**	브라질	**6.85**
핀란드	**7.41**	코스타리카	**7.16**	오만	**6.85**
캐나다	**7.4**	미국	**7.07**	독일	**6.84**
네덜란드	**7.4**	푸에르토리코	**7.03**	아랍에미리트연합국	**6.81**
스웨덴	**7.35**	아일랜드	**6.97**	영국	**6.79**
오스트레일리아	**7.3**	룩셈부르크	**6.93**	파나마	**6.77**
뉴질랜드	**7.28**	벨기에	**6.93**	싱가포르	**6.66**
이스라엘	**7.26**	멕시코	**6.9**	칠레	**6.65**

고 팔꿈치 부분을 덧댄 재킷을 입은 과학자가 딴 데 정신이 팔려서 비행기에 노트북을 두고 내리는 일과 같은 사태가 최소 한 번 이상 벌어질 것이다. 관건은 이런 사건과 변화들이 행복의 서로 다른 영역에 미치는 영향이다. 수입이 두 배로 늘어나거나 결혼을 하거나 시골로 이사하면 삶의 만족도에 평균적으로 어떤 영향을 미칠까? 그것이 바로 우리가 파악하려는 부분이다.

물론 간단하게 파악할 수 있는 문제는 아니다. 시골에 사는 사람들이 대도시에 사는 사람들보다 대체로 행복하다고 해서 대도시에 사는 사람이 시골로 이사한다고 더 행복해질지는 알 수 없다. 행복의 원인과 결과를 항상 딱 잘라서 구분할 수도 없다. 어쩌면 대도시에서 사는 사람들이 덜 행복한 이유는 대도시 때문이라기보다는 대도시를 선택한 사람들의 성향 때문일 수도 있다. 대도시에 끌리는 사람들은 대개 남들보다 욕심이 많고 현재 자신이 처한 상황에 주기적으로 불만을 느끼는 특징을 갖고 있다.

다시 말하자면, 행복 연구는 우리가 통제할 수 없는 부분과 함정이 많다. 하지만 가만히 앉아서 이게 될 일이냐며 딴죽을 거는 것은 무지를 보장하는 가장 확실한 방법이다. 나는 행복을 과학적으로 연구할 수 없는 이유를 설득력 있게 설명한 이론을 아직까지 들어보지 못했다. 머나먼 하늘 위에 뜬 벌겋고 황량한 행성을 보며 어떻게 하면 그곳으로 갈 수 있을지 고민하는 종족은 인간밖에 없을 것이다. 그런데 삶의 질을 높일 방법을 연구하지 않을 이유가 없지 않은가. 행동을 조금만 바꾸면 행복지수를 높일 수 있는 엄청난 가능성이 존재한다. 때로는 사소한 데서 엄청난 일이 시작될 수도 있다.

3장

따로 또 같이의 균형

음식과 모닥불이 있는 풍경

어렸을 적에 여름을 보낸 통나무집 맞은편에는 풀밭이 있었다. 풀이 어마어마하게 길게 자라나 있어서 우리 형제는 그 파릇파릇한 담요 안에 터널을 만들어놓고 거기서 몇 시간씩 놀곤 했다. 6월이 어느 정도 지나면 풀을 깎았다. 방금 깎은 풀 냄새를 맡을 때마다 항상 그 시절의 기억이 떠오른다.

깎은 풀을 한데 모아서 만든 건초 더미는, 한여름 태양 빛 아래 서서히 노랗게 변해갔다. 어린 나는 그걸 보며 북유럽 신화에 나오는 거인 요트나르jǫtnar가 잃어버린 큼지막한 레고 조각이 분명하다고 생각했다. 하지 모닥불 행사를 앞두고 풀밭을 깨끗이 정리하기 전까지 나와 이웃 집 아이들은 건초 더미로 집과 미로를 만들며 놀았다. 하지 모닥불 행사가 이교도의 풍습일지 몰라도 지금도 나는 그 행사를 가장 좋아한다. 환한 태양이 하늘 너머로 저무는 가운데 시골 곳곳에서 모닥불을 피워 한여름을 기념하는 그날을.

맨발로 풀을 밟고 모닥불에 얼굴이 달궈지는 것을 느끼며 한 손에

는 갓 구운 빵을 들고 서 있었다. 내 어깨에는 부모님의 손이 얹혀 있었다. 그렇게 서 있었을 때 내가 느낀 감정이 행복이었는지는 잘 모르겠다. 그렇지만 내가 평생을 바쳐서 연구할 그런 감정을 느꼈던 것만큼은 분명하다. 어린 나이라 말로 제대로 표현하지는 못했지만, 나는 그때 공동체 의식과 소속감, 고향의 분위기를 느꼈다. 그곳에 있는 사람들이 나와 한 집단이라는 감정 말이다.

모닥불과 음식은 문화와 국경을 막론하고 전 세계 어디에서든 사람들을 한데 불러 모으는 힘이 있다. 저녁 식탁에 촛불을 켜기만 해도 이런 유대감을 느낄 수 있다.

"하마터면 얘기한다는 걸 깜빡할 뻔했네요." 야닉이 말했다. 그는 코펜하겐 행복연구소에서 인터뷰를 한 캐나다 기자다. "《휘게 라이프》를 읽고부터 양초 2개를 사 가지고 와서 그걸 켜놓고 저녁을 먹기 시작했어요." 야닉 부부에게는 아들이 셋 있었다. 그중 쌍둥이는 열여덟 살이고 막내는 열다섯 살이었다. "저녁을 먹을 때마다 촛불을 켜니까 처음에는 아이들이 이런 반응을 보이더라고요. '아빠, 왜 그러세요? 웬 로맨스예요? 엄마랑 단둘이 저녁 드시고 싶으세요?' 그런데 어느새 적응하더니 이제는 아이들이 먼저 나서서 촛불을 켠답니다. 그뿐 아니에요. 촛불을 켜면서부터 저녁 먹는 시간이 전보다 15~20분 길어졌어요. 뭐라고 설명하면 좋을지 모르겠지만, 촛불을 켜면 자연스럽게 대화를 나누는 분위기가 조성돼요. 우리 가족은 이제 허겁지겁 저녁을 먹지 않아요. 천천히 음식을 즐기면서 그날 있었던 일들을 함께 이야기해요." 저녁식사가 단순히 끼니를 해결하는 시간이 아니라 함께하는 시간이 된 것이다.

친구라는 단어는 영어로는 컴패니언(companion), 스페인어로는 콤파네로(Companero), 프랑스어로는 코팽(copain)이다. 이 단어는 모두 라틴어 '함께(cum) 빵(panis)을 나눠 먹는 사람'이라는 말에서 파생됐다.

함께 음식을 먹으면 육체적인 자양분만 얻는 게 아니라 우정을 쌓고 유대감을 다지고 소속감을 강화할 수 있다. 이런 요소들은 행복을 느끼는 데 결정적인 역할을 한다.

저녁 식탁이 음식과 모닥불이 있는 풍경으로 바뀌면 훌륭한 삶의 기반이 관계와 목적이라는 깨달음이 찾아온다. 진정한 부자는 통장에 찍힌 액수가 아니라 유대 관계가 얼마나 든든하고, 사랑하는 사람들과 얼마나 행복하게 지내며, 감사하는 마음이 얼마나 큰지에 따라 결정된다는 깨달음이 찾아온다. 행복은 지금보다 큰 차를 사는 데서 느껴지는 게 아니라 우리가 공동체라는 좀 더 큰 그림의 일부분이라는 사실,

우리가 그 안에 함께 있다는 사실을 아는 데서 비롯된다는 것을 알게 된다.

행복연구소와 〈세계 행복 보고서〉에서 발견된 공통적인 사실이 있다면 가장 행복한 나라들은 공동체 의식이 강하고, 가장 행복한 사람들에게는 유사시에 기댈 사람이 있다는 것이다. 전 세계에서 가장 행복한 나라로 꼽히는 덴마크 국민들이 친구나 가족과 매우 자주 만나며, 넘어지면 친구가 잡아줄 거라고 생각하는 것은 우연의 일치가 아니다.

유사시에 친구들에게 도움받을 수 있을 거라고 응답한 비율

뉴질랜드	98.6%	스웨덴	92.3%	벨기에	88.4%
아이슬란드	95.7%	독일	92.3%	네덜란드	87.9%
덴마크	95.5%	슬로바키아	92.2%	폴란드	86.3%
스페인	95.5%	일본	91.0%	이스라엘	85.7%
아일랜드	95.3%	러시아 연방	90.7%	포르투갈	85.1%
오스트레일리아	95.1%	이탈리아	90.7%	라트비아	84.2%
핀란드	94.2%	체코공화국	90.3%	터키	83.6%
캐나다	93.9%	에스토니아	90.2%	그리스	83.4%
스위스	93.5%	미국	90.1%	칠레	82.5%
영국	93.4%	브라질	90.0%	헝가리	82.2%
룩셈부르크	93.4%	남아프리카	89.5%	한국	75.8%
노르웨이	93.1%	프랑스	89.4%	멕시코	75.3%
오스트리아	92.5%	슬로베니아	88.9%		

출처: OECD, 〈보다 나은 삶의 지수〉, 2016년

HAPPINESS TIP

프랑스 사람들처럼 식사하라

쫓기듯 끼니를 해치우지 않는다.
친구, 가족, 직장 동료들과 함께 둘러앉아서 천천히,
사람들과 더불어 식사를 즐긴다.

"디저트는요?"

"디저트는 괜찮아요. 하지만 식사가 끝나면 커피를 주세요. 아메리카노로요."

파리에서 강연이 끝나고 오후 시간이 남아서 오르세 미술관 근처의 조그만 식당에서 점심을 먹었다.

"파리에서 디저트를 안 드시고 아메리카노를 주문하시다니 용감하시네요." 웨이터는 웃으며 이렇게 대꾸했다.

프랑스는 세계에서 가장 식사 시간이 긴 나라로 식생활을 사소하게 간주하지 않는다. 공립학교에 가보면 이런 문화를 확연하게 느낄 수 있다. 전채로는 샐러드, 메인으로는 버섯과 브로콜리를 넣어서 조린 송아지 고기, 디저트로는 사과 타르트 이렇게 세 가지 요리 코스가 급식으로 나온다. 여기에 치즈와 빵이 곁들여진다. 천으로 된 냅킨과 진짜 은 식기를 보면 절차가 음식 못지않게 중요하다는 것을 알 수 있다. 자리에 앉아서 차분하게 식사하는 것이 얼마나 중요한지 말이다.

그런데 프랑스인들은 이렇게 매번 세 가지 요리로 이루어진 코스를 즐기고 식탁 앞에서 많은 시간을 보내는데도 유럽에서 비만도가 가장 낮다. 왜 그럴까? 이것은《미국 임상영양학회지》에 실린 리버풀대학교의 연구 결과로 설명할 수 있다. 이 연구에 따르면 텔레비전을 보면서 식사할 경우 먹는 양이 최고 25퍼센트까지 많아진다고 한다.

게다가 대부분의 나라들은 과일과 채소의 일일권장량을 공식적으로 지정하고 있는 반면, 프랑스 정부는 여럿이 함께 식사할 것을 권장하고 있다. 이런 권장 사항이라면 우리도 좀 더 자주 실천할 수 있지 않을까.

북유럽인들의 공동체 의식

"덴마크는 세금을 많이 내기로 유명한데도 불구하고
사람들은 왜 그렇게 행복해하는 거죠?"

지난 5년간 덴마크, 좀 더 넓게는 스칸디나비아가 행복 순위에서 높은 자리를 차지하는 이유를 주제로 강연을 할 때마다 청중들은 종종 위와 같이 물었다.

덴마크는 세금을 많이 내기로 유명한 나라다. 덴마크 국민들의 평균 연봉은 3만 9000유로(한화 약 5000만 원)인데, 평균 45퍼센트를 소득세로 납부한다. 연봉이 6만 1500유로(한화 약 8000만 원)가 넘으면 세율이 추가돼서 52퍼센트를 납부해야 한다. 높은 세율에도 불구하고 덴마크 국민들은 행복해한다. 대다수의 덴마크 국민은 내 생각에 동의할 것이다.

2014년 갤럽에서 실시한 설문조사에 따르면 덴마크 국민 10명 가운데 9명이 기꺼이 세금을 납부한다고 답변했다. 덴마크 국민들은 남

덴마크 주민 10명 가운데 9명이 세금을 기꺼이 납부한다고 답변했다

들보다 큰 차를 몰고 다닌다고 행복해지는 게 아니라 자신이 사랑하는 사람들이 힘들 때 도움받을 수 있다는 걸 알면 행복해진다고 생각한다. 북유럽 사람들은 훌륭한 삶과 공익의 상관관계를 잘 안다. 북유럽 사람들은 이렇게 생각한다. 우리는 세금을 내는 게 아니다. 삶의 질을 높이는 데 돈을 쓰는 거다. 우리 공동체에 투자하는 거다.

덴마크어로 공동체는 '펠레스카브fællesskab'다. 여기서 '펠레스fælles'는 '공동의' 또는 '공유하는'이라는 뜻이고 '스카브skab'는 '장롱' 혹은 '만들다'라는 뜻이다. 그러니까 공동체는 공동의 장롱(공유하는 비축품)인 동시에 함께 만들어 나가는 무엇이다. 이것이 바로 공동체의 묘미다.

덴마크에는 합성어가 많다. 덴마크어문학협회에서 편찬한 공식 덴

마크어 사전에 수록된 '펠레스카브'가 들어간 단어는 약 70개 정도다. 몇 가지 예를 소개하면,

> 보펠레스카브Bofællesskab: 코하우징
>
> 펠레스그라브Fællesgrav: 공동묘지
>
> 펠레스카브스푈렐세Fællesskabsfølelse: 공동체 의식
>
> 펠레스외코노미Fællesøkonomi: 공유 경제
>
> 스캐브네펠레스카브Skæbnefællesskab: 운명 공동체
>
> 펠레스쾬Fællesskøn: 공성(共性)

대부분의 나라에서는 언어가 남성과 여성으로 나뉘는데, 덴마크어의 명사는 공성과 중성으로 나뉜다. 그러니까 자웅동체인 셈이다.

공동체로 만들어가는 행복

덴마크 아이들은 자유와 안전이라는
독특한 조합 속에서 성장한다.

몇몇 아이들은 '쿠브kubb'를 하고 있다. 쿠브는 바이킹 시대부터 시작됐는데, 막대기를 던져서 다른 막대기를 맞히는 게임이다. 이 게임이 인류 최고의 발명품이라도 되는 것처럼 개 한 마리가 주위에서 구경하고 있다. 다른 아이들은 두어 명의 어른과 함께 모닥불 주변에 모여 있다.

미켈은 현재 코펜하겐에 살고 있지만 이곳에서 자랐다. 여름이면 우리 둘은 그의 본가로 찾아가 그의 아버지를 모시고 요트를 탄다. 본가에 도착하면 공동체의 가장자리에 있는 주차장에 차를 세운다. 이곳에서 40미터쯤 걸어가면 미켈의 부모님 댁이 나온다. 이 공동체는 주민들끼리 오가며 상호작용을 주고받고 대화를 나누도록 설계되어 있다.

이곳은 펠레스헤운Fælleshaven이라고 불린다. 그렇다. 이것 역시 복

합어다. '펠레스Fælles'는 '공동'이라는 뜻이고 '헤운haven'은 '마당'이라는 뜻이다. '펠레스카브Fællesskab'는 '공동체', '보bo'는 '산다'는 뜻이다. '보펠레스카브bofællesskab'는 덴마크에서 시작돼 다른 북유럽 국가로 급속도로 번져 나가고 있는 코하우징co-housing을 말한다.

이 운동을 시작한 주인공은 기존의 주거 형태에 불만을 느낀 사람들이었다. 덴마크의 유력 일간지에 〈아이들에게는 100명의 부모가 있어야 한다〉라는 사설을 기고한 보딜 그로는 생각이 같은 사람들의 연락을 촉구했다. 곧 연락이 빗발쳤고, 5년 뒤인 1972년에 '보펠레스카브'인 세테르담멘Sætterdammen이 완공됐다. 코펜하겐 북쪽, 힐레뢰드 근처에 위치한 이 단지는 27개의 단독 주택과 1개의 널찍한 공동 주택으로 구성되었다. 약 70명이 살고 있으며 아직까지 유지되고 있다. 빈집을 사려고 기다리는 대기자들도 있다. 현재 덴마크의 코하우징 인구는 약 5만 명으로, 점점 더 인기를 더해가고 있다.

내 친구 미켈의 고향인 펠레스헤운은 덴마크에 있는 수많은 보펠레스카브 가운데 한 곳이다. 이곳에는 16가구와 아이들 20명의 보금자리가 있다. 보펠레스카브는 공동체 생활뿐만 아니라 사생활도 보장받을 수 있도록 설계되어 있다. 가족마다 단독 주택이 있는데, 그 안에는 단독 주방을 비롯해 전통적인 편의시설이 잘 갖춰져 있다. 단독주택들은 마당과 널찍한 공동 주방과 식당 등 공동 공간을 중심으로 옹기종기 모여 있다. 이곳에 거주하는 가족들은 따로 또 같이 지낸다.

월요일부터 목요일까지는 원하는 가족들끼리 함께 식사한다. 대개 30~40명이 저녁을 같이 먹는다. 성인의 한 끼 단가는 20크로네(한화 약 3500원) 정도이고 어린이는 반값이다. 이게 어느 정도의 금액이냐면, 코펜하겐에서는 카페라테 한 잔이 40크로네(한화 약 7000원)다.

그렇다고 해서 이곳 사람들이 가격 때문에 공동 식사에 매력을 느끼는 건 아니다. 어린아이를 키울 경우 공동 식사를 하면 장을 보고 저녁을 준비하느라 아등바등할 필요가 없다. 그 시간에 아이들의 숙제를 도와주거나, 쿠브를 하거나, 모닥불을 잘 피우는 법을 가르쳐줄 수 있다. 이곳 사람들은 6개월에 한 번씩 1주일 동안 저녁 준비를 도맡는데 큰 아이들은 이때 옆에서 거들며 요리를 배운다. 식사 준비에서 설거지를 마치기까지 보통 세 시간 정도가 소요된다. 저녁을 먹고 나중에 커피를 한 잔 마시는 것까지 포함된 시간이다. 식사를 준비하는 이들을 제외한 나머지 주민들은 느긋하게 쉬면서 저녁 준비가 다 됐다는 종소리가 들리길 기다린다.

펠레스헤운에는 이외에도 공통 텃밭과 놀이터, 운동장, 아틀리에, 공방, 게스트룸이 있다. 이곳의 구조를 보면 알 수 있듯 아이들은 언제든 같이 놀 사람을 찾을 수 있다. 이곳에서는 베이비시터가 필요 없다. 영화나 연극을 보러 가고 싶으면 다른 집에 아이들을 보내면 된다.

덴마크 통계청에 따르면 보펠레스카브의 숫자는 지난 6년 동안 20퍼센트 증가했다. 상부상조로 아이들을 키울 수 있는 환경을 원하는 가족과 사회적으로 고립될 위기에 처한 노년층에게 특히 인기를 끌고 있다.

몇 년 전에 덴마크의 인류학자 막스 페데르센이 '시니어보펠레스카브', 즉 노년층을 위한 코하우징을 주제로 광범위한 연구를 진행해보니 공동체 안에서 안정감을 느낀다는 응답자가 98퍼센트, 생활환경에 만족한다는 응답자가 95퍼센트였다. 내가 보기에 가장 흥미로운 대목

친구라고 부를 수 있는 이웃 주민이 몇 명이나 되는가?

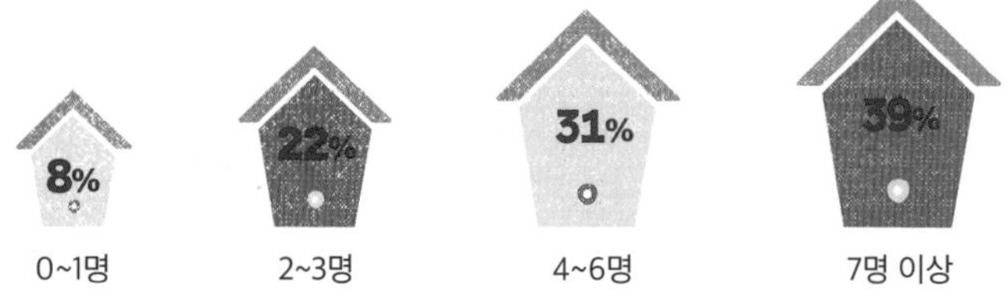

보펠레스카브에 거주하는 덴마크인들이
친구라고 부를 수 있다고 한 이웃 주민의 숫자

출처: 막스 페데르센, 〈위대한 실험〉, 2003년

은 이웃 주민들 가운데 친구가 최소 4명 있다는 응답자가 70퍼센트였다는 것이다.

여러분은 어떤가? 이웃 주민들의 이름을 알고 있는가? 그리고 그들 중 친구라고 부를 만한 사람이 있는가?

보펠레스카브는 전 세계적으로 호응을 얻었고 캐나다, 오스트레일리아, 일본에서도 점점 인기를 더하고 있다. 독일, 미국, 네덜란드에는 이미 수백 개의 보펠레스카브가 건설됐다. 2014년 《가디언》 보도에 따르면 영국에서 진행 중인 코하우징 프로젝트는 60개가 넘는다고 한다. 영국 코하우징 네트워크 책임자인 조 구딩은 코하우징을 "거주하는 주민들이 독립적으로 운영하는 자기 관리형 공동체"라고 설명했다.

《가디언》에 따르면 2012년에서 2014년까지 이 같은 단체가 100퍼센트 증가했고 최소 18개 프로젝트가 완료됐다. 또한 런던, 카디프, 뉴캐슬, 리즈, 케임브리지 같은 대도시로 확산되는 추세이다.

행복을 연구하는 사람으로서 이런 소식을 들으면 기쁘다. 확고한 공동체 의식과 안정감, 평온함과 돈독한 우정이 행복에 미치는 영향은 굳이 행복에 대해 연구하지 않아도 충분히 알 수 있다. 두말하면 잔소리지만 이 같은 주거 형태는 '사생활과 공동체 생활의 균형'이 중요하다. 보펠레스카브가 모두에게 적합한 건 아니므로 장점을 취해서 새롭게 활용하는 것도 방법이다. 집단에 대한 소속감은 웰빙에 긍정적인 영향을 미친다. 현재 살고 있는 동네에서 공동체 의식을 강화할 수 있는 구체적인 방법이 있는지 살펴보자.

공동체를 조성하는
다섯 가지 방법

1. 이웃 주민의 전화번호부를 만든다.

이웃집 문을 두드리고 자신을 소개한다. 내성적인 성격이라면 우편함에 신청서를 넣어두는 것도 괜찮다. 주민들에게 배관이 터지거나 기타 비상사태가 벌어질 경우에 대비해서 비상 연락망을 만드는 중이라고 설명한다.

이름과 연락처를 묻되 그들을 좀 더 속속들이 파악할 수 있도록 설문지를 추가하는 것도 고민해보자. 개나 고양이를 잠깐 맡아줄 의향이 있는지(네! 어쩌다 한 번씩 개 산책을 대신 해드릴 수 있어요), 가장 좋아하는 책은 무엇인지, 몇 개 국어를 할 수 있는지(평균적으로 3개 국어. 와인을 한 병 마시고 나면 5개 국어. 모닝커피를 마시기 전에는 1개 국어를 간신히 할까 말까) 등 다른 사람들에게 도움이 될 만한 재능을 파악하는 데 초점을 맞춘다. 컴퓨터를 잘 아는 사람은 누구인가? 타이어를 교체할 줄 아는 사람은 누구인가?

2. 도서 대여 코너를 만든다.

1 대 1 교환이 원칙인 미니 도서관을 만들면 간단하게 대화의 물꼬를 틀 수 있다. 이 도서관은 근사할 필요도, 알렉산드리아 도서관처럼 엄청난 장서를 보유할 필요도 없다.

나는 우리 집 계단 입구에 있는 우편함 위에 책들을 쌓아놓는다. 그러면 계단 입구가 좀 더 아늑해 보일 뿐만 아니라 어떤 책이 선택받을지 지켜보는 재미가 있다. 뿐만 아니라 이웃 주민들과 상호작용을 주고받을 수 있다.

3. 완충 지대를 활용한다.

나는 종종 부엌 창문 바로 앞마당에 놓인 벤치에 앉아서 책을 읽는다. 이 벤치에 앉아 있으면 키가 큰 밤나무가 보이고 나뭇잎을 가르는 바람 소리가 들린다. 그런가 하면 이곳은 사적이면서 공적인 공간이기도 하다. 나 혼자 있을 때는 사적인 공간이지만 지나가는 사람들이 인사를 건네며 무슨 책을 읽고 있느냐고 물어볼 수 있으니 공적인 공간의 역할도 한다. 이웃 주민들과 마주치지 않으면 무슨 수로 그들과 친해질 수 있겠는가. 앞마당이나 현관 같은 공간을 완충 지대라고 한다. 연구 결과에 따르면 완충 지대가 있는 골목이 더 안전하게 느껴지고, 그런 곳에 사람들이 더 오래 머무는 경향이 있다. 집 앞에 나가 있기만 해도 상호작용을 환영하는 분위기가 조성된다. 부엌까지 들어와서 인사를 건네는 사람은 없지만 앞마당에 나가 있으면 사람들과 친해지는 계기를 쉽게 만들 수 있다.

나는 밖에 나가서 책을 읽는 습관을 가진 덕분에 우리 위층에는 페테르와 그의 딸 카트린네가 살고 있고, 그 위에는 과일 가게를 하는 마예드가 살고 있다는 것을 알게 됐다. 가장 최근에 만났을 때 그는 20년 만에 처음으로 자전거를 타러 나가는 길이었다. 이웃 주민들의 이름과 사연을 알고 나면 신기하게도 그들이 내는 소음에 무뎌진다.

4. 공동 텃밭을 만든다.

여러분의 집에 완충 지대를 만들기 어렵다면 방법이 있다. 동네 조그만 땅에 공동 텃밭을 만드는 것이다. 공동 텃밭은 신선한 채소를 재배할 수 있을 뿐 아니라 공동체 의식을 쌓고 공동체의 일원으로 뿌리내리는 데 제격인 방법으로 효과가 입증되었다. 토마토를 기르면 마음이 차분해지고 고요해질 뿐 아니라 이웃 주민들이 한자리에 모이기 때문에 유대감을 키울 수 있다. 한마디로 대도시에서 즐겁게 시골 분위기를 연출할 수 있는 방법이라고 할 수 있다.

뿐만 아니라 텃밭 가꾸기가 정신건강에 상당히 유익하다는 연구 결과도 있다. 우울증을 없애는 특효약은 없지만 텃밭이 침대와 바깥세상의 중간 지점 역할을 하며 우리를 빛의 세계로 인도할 수 있다. 몇 년 전에 행복연구소는 덴마크 어느 도시의 의뢰로 그곳 주민들의 삶의 질을 개선하는 전략을 수립했다. 그 도시의 가장 큰 문제를 고독으로 지목하고 공동 텃밭을 조성하는 것을 제안했다.

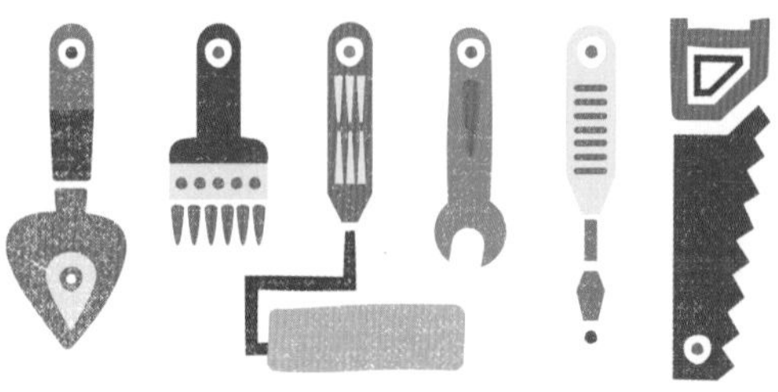

5. 공구 같이 쓰기 프로그램을 시작한다.

1년에 고작 몇 번밖에 쓸 일이 없는데 집집마다 전동 드릴을 사다 놓을 필요는 없다. 전동 드릴, 망치, 드라이버 4종 세트는 모두 공간만 차지할 뿐이다. 낙엽 청소기나 눈 청소기도 마찬가지다. 공구 같이 쓰기 프로그램은 이웃 주민들과 친해지기 위한 좋은 핑곗거리를 제공한다. 게다가 공구를 같이 쓰면 자원과 공동체 의식은 늘어나고 잡동사니는 줄어든다. 지하실에 남는 공간이 있으면 '공구 도서관'을 만들 수도 있다.

샤니 이야기

샤니는 깁슨이라는 캐나다의 조그만 마을에서 어린 시절을 보냈다. 직접 딴 산딸기를 집 앞에서 팔아 용돈을 마련했다. 아침에 학교로 걸어가는 동안 얼굴이 마주친 이웃 주민들은 손을 흔들며 인사를 건넸다. 아무도 문을 잠그지 않고 사는 그런 마을이었다. 그러다가 그녀가 열네 살 때 온 가족이 오스트레일리아로 이사했다.

교사가 된 그녀는 어린 시절 깁슨에서 느꼈던 사람들 간의 정을 그리워하며 이 나라에서 저 나라로, 이 도시에서 저 도시로 옮겨 다니는 방랑족이 되었다. 이후에 주로 문제아들이 다니는 학교에서 교무과장으로 근무한 그녀는 과중한 스트레스에 시달렸다. 만성피로와 우울증 진단을 받는 등 정신적으로 고장났다. 한편 그녀의 연인인 팀은 육체적으로 고장났다. 석수와 조각가로 일하다 보니 어깨와 무릎과 손목에 무리가 왔다.

현재 그들이 살고 있는 헐버트 스트리트는 32가구가 모여 사는 조용하고 막다른 골목이다. 헐버트 스트리트는 웨스턴오스트레일리아주 퍼스 외곽의 프리맨틀이라는 도시에 있다. 전 세계 어딜 가든 있을 법한 평범한 도시다. 공동체가 지속 가능한 삶을 이루는 중요한 요소라고 생각한 샤니와 팀은 이웃 주민들을 대상으로 환경 교육을 실시하기로 마음먹었다. 이들은 어떻게 헐버트 스트리트를 그들이 꿈꾸는 공동체에 가까운 모습으로 바꿀 수 있었을까?

샤니와 팀은 사람들에게 묻고 다녔다. "헐버트 스트리트가 어떤 동네였으면 좋겠어요? 돈이나 자원이나 책임 분담을 걱정할 필요 없이 뭐든 할 수 있다면 우리 동네에 어떤 변화가 생겼으면 좋겠어요?"

어른들은 텃밭을 가꾸고 1주일에 한 번씩 애프터눈 티를 마시고 싶어 했고, 아이들은 도로 한복판에서 크리켓과 축구 시합을 하고 싶어 했다. 어느 열 살짜리 아이는 이렇게 얘기했다. "저는 스케이트보드 램

프가 있었으면 좋겠어요."

샤니는 스케이트보드 램프가 생길 일은 없을 거라고 생각했다. 그런데 맨 처음 생긴 변화가 그거였다. 마침 램프를 설치하는 데 필요한 재료와 기술을 보유한 동네 주민이 있었던 것이다. 스케이트보드 램프가 생기자 그 길은 놀이 공원으로 변모했다.

그런가 하면 이 동네는 도난 사건이 잦아서 다들 걱정이었다. 혼자 사는 여든네 살의 애나는 특히 걱정이 심했다.

"그래서 우리는 헐버트 스트리트 능력자 명단을 만들었어요. 처음에는 비상 연락망 수준이었는데, 곧 어떤 걸 공유할 수 있고 어떤 게 필요한지 적어놓은 목록으로 발전했죠." 샤니는 설명했다.

헐버트 스트리트 능력자 명단에는 주민들의 주소, 이름, 이메일, 전화번호 같은 일반적인 정보뿐만 아니라 그들의 장기와 자산 같은 보다 심층적인 정보가 적혀 있다. 목록를 잘 보면, 아무도 손수레를 살 필요가 없다. 손수레가 필요한 사람은 33번지에 사는 브라이언에게 빌리면 되기 때문이다. 카트가 필요한 사람은 29번지에 사는 필립에게 빌리면

된다. 23번지에 사는 오비에게는 고양이를 맡길 수 있다. 이 목록에 따르면 노래를 배우고 싶은 여성이 3명 있었다. 마침 전직 합창단 지도교사가 그 동네에 살고 있어서 자연스럽게 헐버트 스트리트 합창단이 결성됐다.

또한 손바닥만한 공터에 채소를 심으면서 게릴라 텃밭이 만들어졌다. 얼마 안 있어 주민들은 외출했다가 집으로 돌아오면 종종 문 앞에 감자와 당근이 놓여 있는 것을 볼 수 있었다. 어떻게 허가를 받았느냐고 묻는 사람들에게 샤니는 이렇게 답했다. "허가라니요. 이런 일에 허가가 필요할까요?" 이런 철학을 바탕으로 헐버트 스트리트 영화제가 시작됐다. 주민들은 한 달에 한 번씩 도로에 모여 같이 영화를 본다. 물론 각자 의자와 저녁거리를 들고 온다.

이 공동체의 자산은 함께 쓰는 화물용 자전거, 헐버트 스트리트 도서 교환 시스템(한 권을 들고 와서 한 권을 들고 가는 식이다), 이동식 피자 오븐으로 확대됐다. 주인 없이 다 같이 쓰는 오븐 덕분에 주민들은 매주 피자 파티를 벌일 수 있다. 그리고 염소도 기른다. 이웃한 두 집에서 울타리를 없애고 염소를 기를 공간을 만들었다.

이런 철학이 가장 진가를 발휘한 것은 샤니와 팀이 현금, 컴퓨터, 백업 드라이브를 넣어놓은 금고를 도둑맞았을 때였다. 이웃 주민들이 음식과 돈을 들고 찾아왔다. 1명은 이런 쪽지를 남겨놓기도 했다. "500달러예요. 줄 만하니까 주는 거예요. 갚을 생각은 하지 마세요." 한 주민은 샤니와 팀이 잃어버린 파일과 사진을 복구할 수 있도록 드롭박스를 개설해줬다. 마을 남자아이는 "욕을 한마디도 모르면 실망스러운 사건을 감당하기 힘든 법이에요"라고 적힌 카드와 함께 태어나서 처음으로 만든 빵과 그때까지 모은 조개껍데기를 선물했다.

"이런 프로젝트를 시작하려는 사람이 있다면 뭐라고 조언을 하고 싶나요?" 나는 샤니에게 물었다.

"우리가 했던 대로 하지 말라고요." 그녀는 웃음을 터뜨렸다. "각자의 상황에 맞는 방법을 찾으라고 얘기해주고 싶어요. 어떻게 하면 공동체를 건설할 수 있을지, 사람들의 관심사가 무엇인지, 무엇을 통해 똘똘 뭉칠 수 있을지 파악한 다음 그걸 출발점으로 삼으면 돼요. 내 친구는 토마토를 중심으로 공동체를 건설했어요. 지금은 15가구가 해마다 같이 토마토 통조림을 만들고 있죠."

샤니의 이야기에서 우리는 몇 가지 교훈을 얻을 수 있다. 첫째, 경계가 정해진 동네에는 이점이 있다. 헐버트 스트리트는 막다른 골목이라 지리적으로 경계가 분명했다. 섬사람들의 공동체 의식과 정체성이 뚜렷한 것도 이와 비슷한 이유일 것이다. 둘째, 활용할 수 있는 공용 공간을 확보해야 한다. 이런 면에서 막다른 골목은 지나다니는 차량이 없기 때문에 효과 만점이다. 공용 녹지도 그런 점에서는 마찬가지다. 셋째, 인간의 가장 막강한 원동력은 꿈이다. 샤니가 그곳이 어떻게 달라졌으면 좋겠느냐고 질문을 던졌을 때 주민들은 열의를 보였다. 《어린 왕자》의 저자 앙투안 드 생텍쥐페리는 이렇게 얘기했다.

> "배를 만들고 싶으면 나무를 주워오라고 사람들을 부추기거나 임무와 일거리를 부여할 게 아니라 끝없이 펼쳐진 거대한 바다를 갈망하도록 만들어야 한다."

HAPPINESS TIP

길거리를 공동체로 만들어라

공유할 수 있는 능력과 자산을 담은 명단을 통해 동네 주민들을 한데 모으자.

이웃 주민들과 교류를 시작해보자. 남의 집 대문을 두드리는 게 겁이 날 수도 있지만 용기를 내면 엄청난 보상이 기다리고 있다. 이웃 주민들의 전화번호부를 만들고, 미니 도서관에 기증할 책이 있는지, 공동 텃밭을 가꾸는 데 동참할 생각이 있는지 물어보자.

관건은 이웃 주민들과 대화를 시작하고, 그들의 이름을 파악하고, 그들에게 어떤 재능과 관심사와 필요한 부분이 있는지 알아내고, 그들을 중심으로 공동체를 건설하는 것이다. 여러분과 같은 동네에 사는 사람들만큼이나 특별한 공동체 말이다.

누군가와 함께할 때 행복하다

여러분이 행복하다고 느꼈던 때, 아니면 그냥 기분이 좋았거나 웃음이 났거나 미소가 지어졌던 때를 떠올려보자.
어떤 상황에서 그랬는지 꼼꼼히 기억을 더듬어보자.

그때 여러분은 아마 누군가와 함께 있었을 것이다. 내 이야기를 하자면, 스키를 타고 나서 친구들과 함께 위스키를 한 잔 들고 모닥불 주변에 둘러앉았을 때가 그런 경우였다. 자신이 행복했던 기억을 떠올려보라고 하면 전 세계 어느 나라 사람이든 대부분 누군가와 함께 있었던 시간을 떠올리곤 했다. 물론 이것이 타인이 행복에서 차지하는 비중을 입증하는 증거가 되지는 않는다. 그렇다면 이건 어떤 사실을 입증하는 증거일까? 친구, 동료, 친척을 만나는 횟수와 연관해서 살펴보면 분명한 패턴이 있다. 타인과 자주 만나는 사람일수록 더 행복하다. 하지만 양과 질은 별개의 문제다.

사람들로 북적거리는 공간에 있는데도 외로움을 느껴본 적이 있을

친구, 친척, 동료와 얼마나 자주 만나는가?

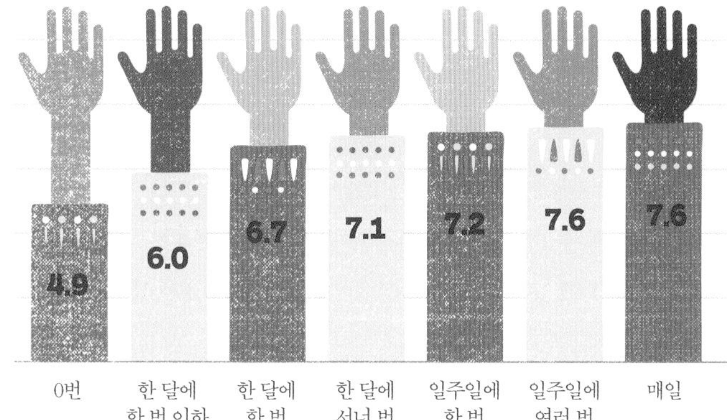

은밀하고 개인적인 문제를 의논할 수 있는 사람이 몇 명이나 되는가?

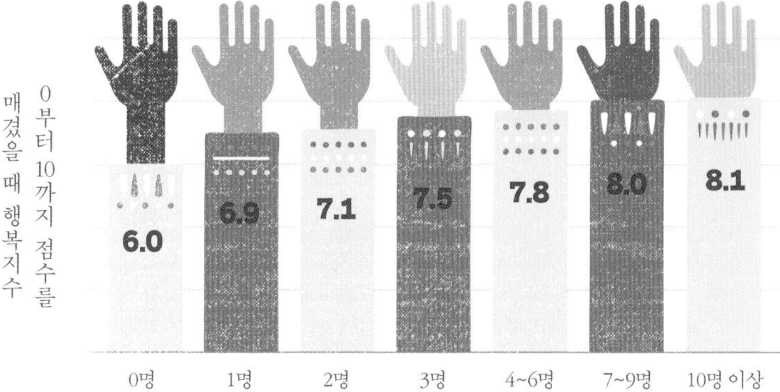

출처: 〈유럽 사회 조사〉, 7차

것이다. 중요한 건 다른 사람들을 만나는지 여부가 아니라 그들과 소통하는지 여부다. 나는 그들을 이해하는지, 그들은 나를 이해하는지, 경계를 풀고 속마음을 풀어놓을 만큼 나를 믿는지, 안으로 받아들일 만큼 나를 믿는지 여부가 중요하다. 수치를 봐도 그렇다. 개인적인 문제를 의논할 수 있는 사람의 숫자가 많을수록 더 행복하다.

고독은 행복에 좋지 않은 영향을 미친다. 이 얼마나 놀라운 발견인가! 2000여 년 전 아리스토텔레스는 인간을 가리켜 사회적 동물이라고 했다. 1940년대에 미국의 심리학자 에이브러햄 매슬로우가 피라미드로 설명한 욕구 단계설에 따르면 소속감과 사랑의 욕구는 안전의 욕구와 생리적 욕구 바로 다음에 자리한다. 빅 데이터를 활용한 오늘날의 행복 연구도 이와 비슷한 결과를 보여준다.

유엔의 〈세계 행복 보고서〉에 따르면 나라마다 행복 수치가 다른

이유 중에서 4분의 3 정도가 여섯 가지 요소로 압축된다. 그중 하나가 사회의 지원이다. 사회의 지원을 측정하는 기준은 유사시에 기댈 사람이 있는지 여부로 설명할 수 있다. 이진법적이고 매우 원시적인 기준이지만 전 세계적으로 수집된 데이터에 따르면 이런 기준이 실제로 행복지수를 좌우한다는 것을 알 수 있다.

다행히 OECD(경제협력개발기구) 국가에서는 88퍼센트의 응답자가 급할 때 기댈 사람이 있다고 했다. 특히 뉴질랜드, 아이슬란드, 덴마크에서 관련 수치가 높게 나왔다. 이들 나라에서는 95퍼센트 이상이 유사시에 의지할 수 있는 든든한 친구가 있다고 대답했다. 반면 헝가리, 한국, 멕시코는 신뢰지수가 낮아서 각각 82퍼센트, 76퍼센트, 75퍼센트였다.

몇 년 전에 나는 집을 살 때 대출을 받을 수 있는지 은행에 전화를 걸어 문의한 적이 있다. 내가 행복을 연구하는 일을 한다고 밝히자 전화선을 타고 민망한 정적이 흘렀다. 몇 단어로 요약하자면 30대 중반 독신인 나는 이후 두어 달 동안 친구네 집 소파에서 그가 기르는 고양이 두 마리와 함께 잠을 청할 수밖에 없었다. 하지만 절망하지 않았다. 내 뒤를 든든하게 받쳐줄 사람들이 있다는 걸 알기 때문이었다.

HAPPINESS TIP

네덜란드 사람들처럼
이웃의 날을 기념하라

이웃 주민과 대화를 해보자.
커피를 같이 마시든지, 공동 텃밭 일을 거들든지,
마주쳤을 때 가던 길을 멈추고 대화를 나누자.

먼 친척보다 가까운 이웃이 낫다는 네덜란드 속담이 있다. 2006년 네덜란드는 5월 26일을 이웃의 날로 지정했다. 처음에는 동네 주민들을 한자리에 모아보자는 취지였는데, 2000개 지구가 동참하는 행사로 발전했다. 네덜란드 국민 4명 중 3명이 정기적으로 개최되는 행사가 있는 지역을 살기 좋은 지역으로 생각한다는 설문조사 결과를 보고 커피 회사 도우베에흐베르츠가 맨 처음 시작한 행사였다.

이날을 기념하는 방식은 길거리 파티부터 평소에 데면데면하던 이웃과 커피를 마시는 것에 이르기까지 다양하다. 5월 26일에는 여러분도 이웃에게 인사를 건네거나 집으로 초대해 음료를 대접해보자.

디지털 소통의 시대,
오프라인으로 교감하라

2000년 하버드대학교 교수이자 정치학자인 로버트 퍼트넘은 저서《나홀로 볼링》에서 미국 시민 사회의 붕괴를 논의했다. 퍼트넘은 미국인들의 공동체 참여도가 점점 줄어들고 있고, 이것이 미국 사회 전반에 악영향을 미치고 있다고 진단했다.

미국인들은 자원봉사 활동에 참여하거나 교회에 가거나 이웃 주민들과 교류하거나 친구들과(아니면 고양이들과) 노닥거리며 시간을 보내는 횟수가 훨씬 적다. 지난 수 세기 동안 미국이 경제적으로 부유해졌어도 행복지수가 떨어진 이유는 이 때문이다. 이런 현상은 미국뿐만 아니라 전 세계적으로 번져가고 있다. 인간은 교감을 느낄 때 더 행복해진다. 나는 지금까지 사랑과 우정과 공동체를 향한 욕구를 충족시키는 것보다 더 강렬한 행복의 원동력을 본 적 없다. 그런데 다들 소속감을 느끼고 싶어 하면서도 알맞은 방법을 찾지 못하는 게 문제다.

과학기술이 발달할수록 이를 해결하는 것은 점점 더 어려워지고 있다. 우리는 전과 차원이 다를 만큼 광범위하게 타인과 연결된 삶을 살고 있다. 그럼에도 여전히 외로움을 느낀다. 인간관계는 복잡하고 힘들다. 그래서 우리는 과학기술로 그걸 쉽고 단순하게 정리하고 싶어 한다. 누군가를 직접 만나기보다 전화 통화하는 것을 선호하고, 전화 통화를 하는 것보다 문자를 선호한다. 이렇게 하면 관계에 따르는 부담 없이 교감을 나눌 수 있다는 착각에 빠진다. 소셜 미디어는 멀리 떨어져 있는 사람과 계속 연락을 주고받을 수 있다는 긍정적인 측면도 있다. 하지만 조사 결과 소셜 미디어를 줄인 사람들이 더 행복하며, 실제 사회와 더 많이 소통할 수 있는 것으로 밝혀졌다.

2015년 행복연구소는 참가자들에게 행복의 여러 차원에 대해 묻고 평소처럼 페이스북을 계속 쓰는 실험군과 1주일 동안 페이스북을 쓰지 않는 대조군을 무작위로 나누어 실험을 진행했다. 1주일 후 참가자들에게 다시 한 번 행복에 대해 평가해달라고 부탁했다. 대조군은 삶의 만족도가 상당히 높아졌다고 대답했다. 예전보다 삶을 더 즐길 수 있고 외로움이 줄었으며 사회 활동이 활발해지고 사회생활에 대한 만족감 또한 늘었다고 했다. 이 같은 개입의 장기적인 효과를 분석하려면 좀 더 심층적인 연구가 필요하지만, 디지털 테크놀로지만 태동기인 게 아니라 그것을 사용하는 우리의 능력 또한 마찬가지임을 보여주는 또 다른 증거라고 할 수 있다.

요즘은 오프라인에서 같이 놀거나 대화를 나눌 수 있는 사람들을 찾는 게 어렵다. 어떻게 하면 디지털 공동체 밖에서 같이 놀 사람을 확보할 수 있을까?

HAPPINESS TIP

함께 아날로그 시간을 보내자

디지털 디톡스의 시간을 가져보자.

하지에 피우는 모닥불도 인상적이지만 어렸을 적 여름을 보낸 통나무 집 앞 벌판의 놀이터도 강한 기억으로 남아 있다. 그때는 밖에 나가면 20명이 넘는 아이들을 금세 모아서 라운드볼을 할 수 있었다. 아이패드가 나오기 이전 시대였기 때문에 가능한 일이었다. 지난해 영국의 액션 포 칠드런에서 실시한 설문조사에 따르면 요즘 부모들은 숙제를 하도록 자녀를 설득하는 것보다 컴퓨터나 전화기를 끄도록 설득하는 데 더 어려움을 느낀다고 답변했다. 부모 4명 중 1명이 자녀가 컴퓨터나 태블릿 PC로 게임하는 시간을 통제하는 데 어려움을 느꼈지만, 숙제를 시키느라 애를 먹는 경우는 10퍼센트에 불과했다. 요즘 아이들이 온라인 커뮤니티에서 소외되지 않으려고 애쓰기 때문에 벌어지는 현상이다.

덴마크의 한 기숙학교는 공동체를 건설하기 위해 다소 극단적인 조치를 동원했다. 스마트폰과 기타 전자기기를 모두 수거한 것이다. 아이들은 하루에 한 시간 동안만 전자기기를 쓸 수 있다. 즉, 하루에 딱 한 시간 동안만 페이스북, 인스타그램, 스냅챗에 접속할 수 있다. 첫 학기가 끝났을 때 학생들은 이 시스템을 계속 유지할 것인가 아니면 스마트폰과 전자기기를 자유롭게 이용할 것인가를 두고 투표를 실시했다. 그 결과 80퍼센트가 전자에 찬성했다. 물론 이런 식의 조치는 찬성하는 인원이 충분한 경우에만 효과를 발휘할 수 있다.

만약 혼자 스마트폰이 없고 같은 반의 다른 친구들은 하교 후에 모두 서로 채팅을 한다면 외로울 수밖에 없다. 따라서 주변의 최소 인원을 확보하는 것이 중요하다. 이웃을 설득하거나, 어렵다면 여러분의 집에서라도 일주일에 하루쯤은 함께 아날로그 시간을 보내보는 것은 어떨까?

세계 각국의 공존 사례

보펠레스카브 **덴마크**

코하우징의 목표는 사생활과 공동체를 병행하는 것이다. 각 가족이 따로 또 같이 지내기 때문에 사회적인 고립과 일상의 번거로운 잡무가 줄어든다. (55~61쪽 참조)

길거리를 공동체로 **오스트레일리아 퍼스**

샤니라는 젊은 캐나다 여성이 이웃 주민들에게 어떤 동네에서 살고 싶으냐고 여론 조사를 한 끝에 피자 먹는 날, 영화 보는 날, 공용 텃밭, 함께 키우는 염소가 있는 공동체를 탄생시켰다.(67~72쪽 참조)

이웃의 날 **네덜란드**

가까운 이웃이 먼 친척보다 낫다는 속담을 실현한 좋은 예다. 네덜란드에서 시작한 이웃과 커피 같이 마시기 운동은 2000개 지구가 참여하는 거국적인 행사로 발전했다.(78쪽 참조)

자동차의 도시에서 마당의 도시로 **미국 디트로이트**

금융 위기로 경제가 붕괴된 이후에 디트로이트 주민들은 디트로이트를 '자동차의 도시'에서 '마당의 도시'로 탈바꿈시키는 재개발에 착수했다. 도시 전역에 공동 텃밭이 조성됐고 디트로이트는 전 세계적으로 손꼽히는 도시 농업 운동의 중심지로 발전했다.

모아이 일본 오키나와

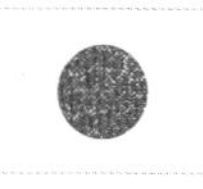

전 세계를 통틀어 가장 건강한 지역으로 꼽히는 오키나와에는 100세가 넘는 사람이 많다. 일각에서는 '공동의 목표 아래 하나로 뭉치는 것'을 뜻하는 모아이木莫合 덕분이라고 말한다. 오키나와에서는 일생 동안 함께하는 소규모의 든든한 사회적 네트워크를 구축하는 것이 전통적으로 중요하다. 아이가 태어나면 모아이를 만들어 그 아이가 평생 공동체의 일원으로 지낼 수 있도록 돕는다. 삶의 심각한 위기에 직면했건, 경제적으로 힘들어졌건, 병에 걸렸건, 사랑하는 사람을 떠나보내고 슬픔에 잠겼건 모아이가 아이의 곁을 지켜준다.

망자의 날 멕시코

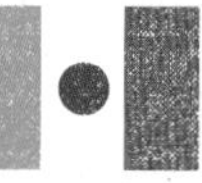

망자의 날 축제는 매년 10월 28일부터 11월 2일까지 열린다. 이 기간에는 세상을 떠난 사람들이 지상의 가족과 친구들을 다시 찾아온다고 한다. 그래서 음식을 싸 가지고 가족과 친구의 무덤을 찾아간다. 이 축제의 의도는 죽음을 애도하는 것이 아니라 살아 있음을 자축하고 심지어 세상을 떠난 사람들과도 교감을 나누는 것이다.

한 아이를 키우려면 온 마을이 필요하다 서아프리카

'한 아이를 키우려면 온 마을이 필요하다'는 속담은 아프리카의 여러 나라말로 전해지고 있다. 서아프리카에서 쓰이는 이그보어Igbo와 요루바어Yoruba가 원조라는 설이 있다. 이 속담처럼 서로가 서로를 도와주는 사이라는 믿음이 있으면 다 같이 행복해질 수 있다.

4장

돈이 행복에 미치는 영향

순진하기만 한 어린아이는 없다

열한 살 무렵의 어느 날, 덴마크판 《파이낸셜 타임스》라고 할 수 있는 《뵈르센Børsen》 1면에서 이런 헤드라인을 봤다. "1년 뒤에는 환율이 1달러당 8크로네로 상승할 것으로 전망된다."

당시 환율은 1달러당 7크로네였다. 나는 은행에 가서 저금한 돈을 모두 달러로 환전했다. 미국으로 여행을 가냐고 묻는 은행 직원에게 나는 "《뵈르센》 안 읽으셨어요?"라고 반문했다.

이런 일이 처음은 아니었다. 열 살 때 처음으로 채권과 주식을 샀고, 돈더미 밑에 '생애 처음으로 마련한 100만크로네'라고 적혀 있는 포스터를 방에 걸었다. 당시 학교에서는 반 대항 모의 주식 매매 게임이 열렸다. 그날 신문에 소개된 가격, 즉 전날의 마감가로 거래가 이루어졌기 때문에 나는 날마다 은행에 전화를 걸어 가장 가격 상승폭이 큰 종목을 확인하고 그 종목을 매입했다. 어른들은 그걸 내부자 거래라고 부른다. 하지만 우리는 운이 따른다고 했다. 한마디로 말해서 나는 열한 살 때부터 고든 게코(영화 《월스트리트》의 주인공, 탐욕스러운 기업 사냥

꾼으로 항상 멜빵을 메고 다녔다－옮긴이)와 멜빵 하나 차이밖에 없었던 셈이다.

이런 일화를 소개하는 이유는, 여러분이 앞으로 내가 하는 얘기를 들으면 꽃이나 세며 히피 같은 어린 시절을 보낸 모양이라고 오해할 수도 있기 때문이다. 내 어린 시절은 전혀 그렇지 않았다.

맨 처음 먹은 케이크가 가장 맛있다

돈과 행복의 관계를 페이스북에 쓴다면 이런 표현을 할 것이다. '복잡하게 얽혀 있음.'

돈과 행복은 연관성이 있다. 일반적으로 부유한 나라의 국민일수록 더 행복하다. 국내총생산, 1인당 GDP 등 나라의 경제적인 능력이 국민들의 행복을 설명하는 여섯 가지 요소 가운데 하나다. 여기서 강조해야 할 부분이 있다면 사실 돈이 없는 것이 불행의 원인일 가능성이 크다는 것이다. 이런 면에서 볼 때 빈곤국이 물질적인 조건을 개선하는 데 집중하는 것은 일리 있는 선택이다. 가정의 수입이 늘면 생활환경이 개선되고, 이것은 곧 행복으로 이어진다.

돈이 식탁을 차리고, 비를 가릴 지붕을 마련하고, 아이들을 양육하는 용도로 쓰일 때 불행을 행복으로 탈바꿈시키는 능력이 있다고 얘기할 수 있다. 하지만 '차분한 색상, 계속 바뀌는 조명, 편안한 음악 속에서 구름 위에 누워 둥둥 떠다니는 황홀한 기분을 느낄 수 있게' 해준다

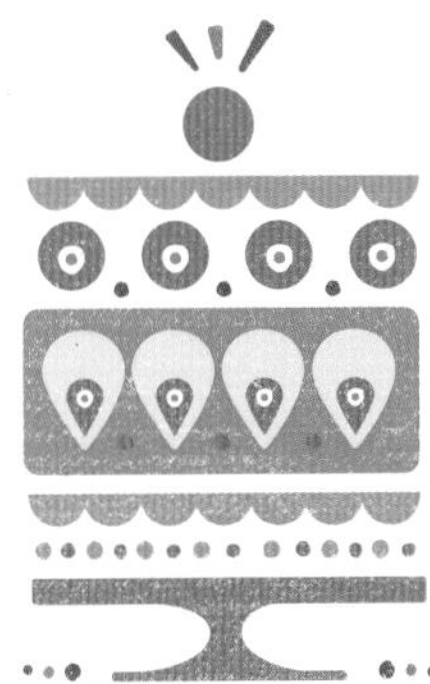

는 애견 침대에 1000달러를 쓴다면 행복지수를 높이는 데 쓸 돈이 부족해질 수밖에 없다.

모든 것이 그렇듯 가진 게 많을수록 거기에서 느낄 수 있는 행복은 줄어들게 마련이다. 맨 처음 먹은 케이크 한 조각은 끝내준다. 다섯 번째 조각은 그냥 그렇다. 경제학자들은 이것을 '한계 효용체감의 법칙'이라고 부른다. 일부 국가에서 사람들이 돈이 많아져도 더 이상 행복해지지 않는 이유는 바로 이 때문이다. 새로운 수준의 풍요로움에 적응되어버리기 때문이다. 행복연구소에서는 이것을 '쾌락의 쳇바퀴'라고 부른다.

기대와 야망이 행복에 미치는 영향

인간은 누구나 몽상에 젖는다.
파리에 가서 프랑스어를 배우고 책을 쓰는 미래를 꿈꾼다.

기대와 야망은 행복에 어떤 영향을 미칠까? 야망이 우리 삶을 어떤 식으로 규정하는지 좀 더 정확하게 이해하기 위해 노터데임대학교 멘도자경영대학의 티모시 저지 교수는 717명의 삶을 추적 관찰한 자료를 분석했다. 참가자들이 어린아이였던 1922년부터 이후 최대 70년간을 관찰한 자료인데 그 기간 동안 인류는 제2차 세계대전을 치렀고, 인간을 달나라로 보냈고, 몇몇 세국의 흥망성쇠를 목격했고, 인터넷을 발명했다.

이 연구는 참가자들을 청년기의 자기 평가와 부모의 평가를 통해 야망이 큰 부류와 작은 부류로 나누었다. 당연한 결과이지만 야망이 큰 쪽이 객관적인 기준에서는 좀 더 훌륭한 성과를 거두었다. 하버드나 프린스턴처럼 상대적으로 유명한 대학교에 진학했고 상대적으로 인기 있

는 업종에 종사하며 상대적으로 많은 연봉을 받았다.

물질적인 측면에서 보면 인간의 가치는 그가 가진 야망의 가치보다 크지 않다고 한 마르쿠스 아우렐리우스의 말이 맞을지도 모르지만, 그는 인간의 가치가 곧 행복은 아니라는 사실을 간과했는지도 모른다.

야망이 큰 사람들은 목표를 달성하면 곧바로 다른 목표를 설정한다. 이것이 쾌락의 쳇바퀴다. 우리는 원하는 조건, 행복해지려면 갖춰야 하는 조건의 기준을 계속 높인다. 이렇게 야망이 계속 더해지다 보면 쾌락의 쳇바퀴가 도는 속도는 더 빨라진다. 다른 말로 표현하면, 야망이 큰 성격은 성취한 결과에 계속 불만을 느끼는 것이다.

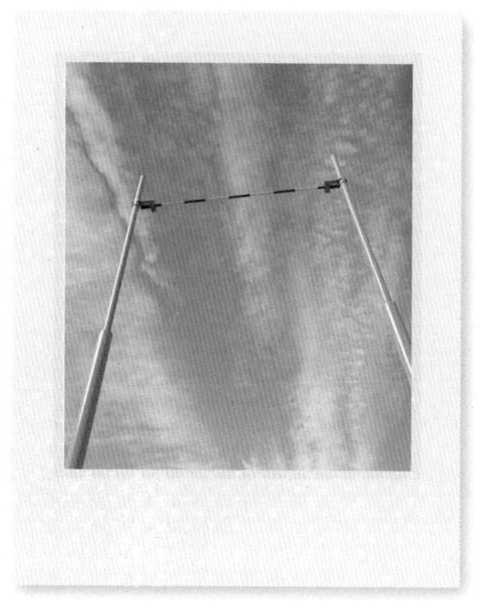

야망에서 현실을 뺀 것이 행복이라는 말에 일리가 있을지도 모른다. 그렇다면 덴마크의 행복지수가 높은 것도 이 때문일까? 다시 말해 기대치가 낮기 때문일까? 그럴지 모른다고 주장하는 사람들도 있긴 하다.

10년 전쯤 《영국 의학저널》 12월 호에 〈덴마크 국민들의 자부심이 강한 이유: 유럽연합의 삶의 만족도 비교 연구〉라는 논문이 실린 적이 있다. 이 논문은 덴마크 국민들의 삶의 만족도가 높은 가장 큰 이유는 미래에 대한 기대치가 낮기 때문이라고 결론을 내렸다. "이들은 조국의 모든 것이 점점 썩어가지 않는다는 데 해마다 놀라워하며 기뻐한다." 다른 매체도 아니고 BBC와 CNN에서 이 결론을 인용했다. 그런데 한 가지 간과한 부분이 있다. 이 논문 자체가 유머를 기반으로 했다는 것이다.

12월 호는 크리스마스 특집이라 루돌프의 코가 빨간 이유에 대한 설명을 늘어놓았고(누가 봐도 뻔하지만 코에 모세혈관이 집중돼 있기 때문이다), 덴마크 국민들의 행복도를 다룬 논문에서는 금발을 가진 사람들의 비율과 맥주 소비량이 행복에 미치는 영향을 살피며(어느 논평가가 말하길 덴마크 국민들이 행복한 이유는 술에 취한 상태에서 설문에 응했기 때문이라고 했다), 1992년 유로 챔피언십 결승전에서 독일을 2 대 0으로 꺾은 이래 전과 다른 희열을 만끽 중인 것이 행복의 또 다른 이유라고 결론을 내렸다. 그런데 이렇듯 데이터가 아니라 유머를 기반으로 작성된 논문에도 일말의 진실이 내포되어 있다.

현재의 삶에 어느 정도 만족하는지, 앞으로 5년 뒤에 어느 정도 만족할 것으로 예상하는지 설문 조사한 덴마크 통계청의 자료를 보면, 이

덴마크의 수입 금액별 삶의 만족도

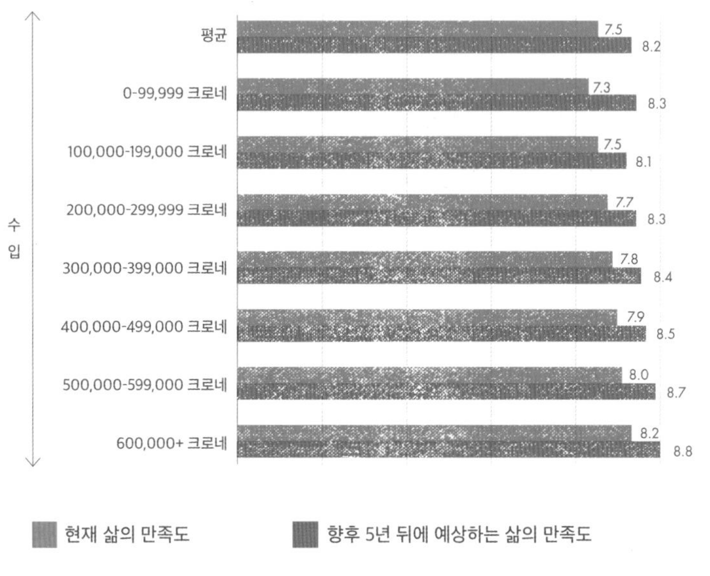

출처: 덴마크 통계청

논문이 현실을 얼마나 제대로 반영하는지 파악할 수 있다. 덴마크 국민들은 앞으로 더 행복해질 것으로 기대하는 것으로 나타났다. 덴마크 국민들은 재산 축적 면에서는 야망이 작을지 몰라도 행복 면에서는 기대치가 낮지 않다.

HAPPINESS TIP

과정에서 느껴지는 행복에 방점을 찍어라

목표를 향해 매진하는 과정을 여유롭게 즐기되 목표를 이루어도 완벽한 성취감을 느낄 수 없다는 사실을 잊지 않는다.

목표를 이루면 행복해질지 몰라도 그것은 잠깐일 뿐이다. 우리는 원하는 조건, 행복해지려면 갖춰야 하는 조건의 기준을 계속 높인다. 책을 출간하면 잠깐 행복해질지 몰라도 어느 정도 시간이 지나면 전 세계적으로 선풍적인 인기를 모았으면 좋겠다는 식으로 야망이 상향 조정된다. 물론, 개인적인 경험을 근거로 하는 얘기다.

야망에 관한 한, 우리는 영원히 갈증을 해소할 한 방을 계속 찾아 헤매는 듯하다. 따라서 어떻게 하면 결과가 아니라 과정에서 느껴지는 행복에 방점을 찍을 수 있을지 고민해야 한다. 의미 있는 무언가를 추구하는 사람들은 행복은 결승선에 놓여 있는 황금 단지가 아니라 과정의 부산물이라는 것을 잘 안다.

기대감은 행복의 원천이 될 수 있다

> 어느 날 아침, 곰돌이 푸와 피글릿이 세상에서 가장 좋아하는 게 뭔지 이야기를 나누고 있었다. 꿀을 엄청 좋아하는 푸는 꿀을 먹는 것 자체보다 먹기 직전의 순간이 더 행복한데, 그걸 뭐라고 불러야 할지 잘 모르겠다고 했다.

《곰돌이 푸》를 쓴 A. A. 밀른은 작가가 아니라 행복학자였다.

기대감은 행복의 원천이 될 수 있다. 원하는 사람 아무에게나 키스를 받을 수 있다고 상상해보자. 유명인도 가능하다. 누구를 선택하겠는가? 조지 클루니? 안젤리나 졸리? 나라면 레이첼 와이즈를 선택할 것이다(그녀의 남편이 제임스 본드라는 건 나도 잘 안다. 굳이 짚어주지 않아도 된다). 여러분은 점찍은 사람이 있는가? 그렇다면 언제 그 키스를 받고 싶은지 생각해보자. 지금? 세 시간 뒤? 스물네 시간 뒤? 3일 뒤? 1년 뒤? 10년 뒤? 만약 여러분이 카네기멜론대학교의 경제학과와 심리학과 교수이자 행동결정연구소장인 조지 로유언스타인이 실시한 연구의 응답자들과 비슷하다면 앞으로 3일 뒤에 받고 싶어 할 것이다. 그렇다. 이런 것을 실제로 연구한 사람이 있다.

〈기대감과 지연된 소비의 중요성〉은 영화 《더티 댄싱》이 상영된 1987년에 발표되었다. 연구 결과에 따르면 응답자들은 대가를 좀 더 치르더라도 지금 당장이 아니라 3일 뒤로 키스를 미룰 의사가 있다고 했다.

나는 새해가 되면 친구들과 알프스로 1주일 동안 스키를 타러 갈 기간을 제일 먼저 정한다. 반 년 동안 이 시간을 손꼽아 기다린다. 새하얀 눈으로 뒤덮인 산과 대조를 이루는 파란색 하늘을 등지고 스키를 타거나 발코니에 앉아서 쉬는 모습을 상상하면 금세 손에 든 따뜻한 커피잔과 얼굴 위로 내리쬐는 햇볕이 느껴진다. 그러니까 내가 하고 싶은 말은 어떤 경우에는 기대감이 엄청난 희열의 원천이 될 수도 있다는 거다. 하지만 또 어떤 경우에는 기대감과 야망이 불행의 원천이 될 수도 있다.

HAPPINESS TIP

손꼽아 기다릴 수 있는 경험을 구매하자

행복 계좌를 하나 개설하고 돈을 모으기 시작해보자.

앞으로 6개월 뒤에 여러분은 무엇을 하고 싶은가? 친구들과 함께 밴드의 공연을 보고 싶은가? 근사한 음식점에 고마운 사람을 초대하고 싶은가? 지금 티켓이나 상품권을 사놓자. 기간을 더 길게 잡아도 괜찮다. 앞으로 10년 뒤에 여러분이 꼭 하고 싶은 게 있다면 무엇인가?

과시적 소비는 행복과 멀어지게 한다

나는 강연할 때 종종 두 가지 세상을 상상해보라고 한다. 첫 번째 세상에서는 여러분의 1년 수입이 5만 파운드(한화 약 7500만 원)이고 다른 사람들의 수입은 2만 50000파운드(한화 약 3700만 원)이다. 두 번째 세상에서는 여러분의 수입이 10만 파운드(한화 약 1억 5000만원)이고 다른 사람들의 수입은 20만 파운드(한화 약 3억)이다. 물가는 동일하기 때문에 양쪽 세상의 커피 값은 같다.

어떤가? 여러분은 어느 쪽 세상을 선택하겠는가? 대개는 50퍼센트 이상이 첫 번째 세상을 선택한다. 1998년, 하버드대학교에서 맨 처음 이런 질문을 제기한 이래 수차례 이루어진 학계의 연구 결과도 한결같다. 대다수가 첫 번째 세상을 선택하는 이유는 소비 여력도 중요하지만 사회에서 차지하는 서열의 위치도 중요하기 때문이다.

우리보다 부유한 사람들의 소비 패턴을 따라 하려고 애쓰는 이유도 그 때문이다. 신용카드가 보급되면서 이러한 생활방식을 따라 하기가 쉬워졌다. 감당할 능력이 되지 않는데도 황새를 따라가려는 삶의 형

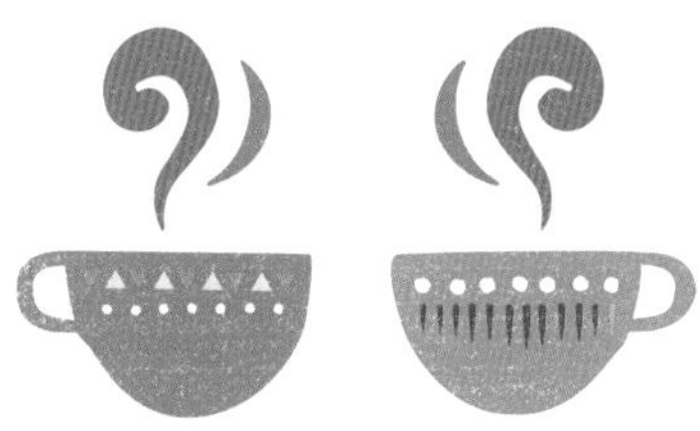

태는 2008년 금융 위기로 이어졌다. 우리는 좋아하지도 않는 사람들에게 과시하기 위해 필요 없는 물건을 사느라 있지도 않은 돈을 쓰고 있다.

재력을 과시하려는 풍조는 최근 등장한 현상이 아니다. 1899년 미국의 사회학자 소스타인 베블런은 부를 공개적으로 과시함으로써 인정받으려고 명품을 구입하는 현상을 일컬어 '과시적 소비'라고 지칭했다. 베블런은 당시 미국의 벼락부자들이 부를 과시하는 데 거금을 투자했다는 현상에 주목했다. 앞면에 600개의 다이아몬드가 박혀 있고 뒷면에 53개의 다이아몬드로 애플 로고가 새겨진 황금 아이폰을 1500만 달러(한화 약 170억 원)나 들여 구매하는 이유는 이 때문이다. 돈을 과시하는 용도 말고는 평범한 아이폰과 기능 면에서 다를 바 없다. 시리는 이용자가 무슨 말을 하는지 여전히 알아듣지 못한다.

이렇듯 남들에게 과시하기 위해 필요 없는 물건을 사는 데 돈을 쓰면 행복에 가까워지는 게 아니라 무한경쟁에 동참할 따름이다. 번쩍거리는 사치품에 대한 욕심을 자제하면 우리 모두 더 잘 살 수 있다.

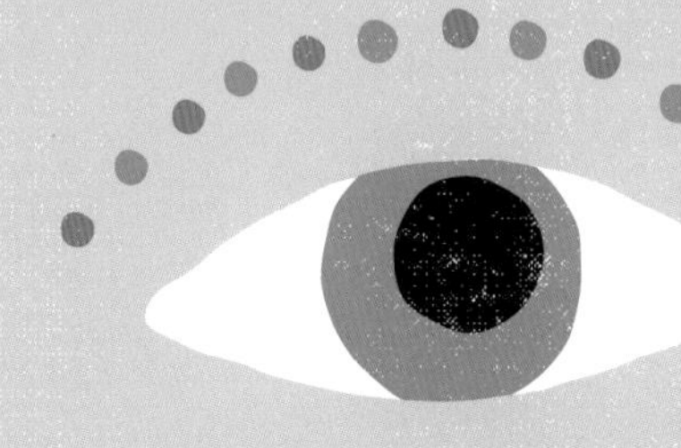

얀테의 법칙

덴마크를 비롯한 북유럽 국가에서는 '얀텔로벤Janteloven', 즉 얀테의 법칙 때문에 과시적 소비가 억제된다. 덴마크계 노르웨이 작가 악셀 산데모제가 1933년에 쓴 소설에서 비롯된 이 법칙을 한마디로 요약하면 다음과 같다. '당신이 나보다 나을 것 없다.' 이로 인해 사회적인 지위가 높다는 이유로 남들보다 나은 부류인 척하는 사람들을 비판하는 문화가 형성됐다. 영어로는 이것을 '키 큰 양귀비 증후군(Tall poppy syndrome)'이라고 한다.

네가
우리보다 많이 안다고
생각하지 마.

네가
우리보다 똑똑하다고
생각하지 마.

네가
뭐든 잘하는 게 있다고
생각하지 마.

네가
우리만큼 잘났다고
생각하지 마.

우리를
비웃지 마.

우리를
가르칠 수 있다고
생각하지 마.

스칸디나비아 문화권에서 중요한 부분을 차지하는 이 법칙 때문에 덴마크에서는 으리으리한 고급 자동차를 보기 어렵다. 정확히 말하면, 얀테의 법칙과 150퍼센트에 달하는 취득세 때문이다. 사실 얀테의 법칙이 미치는 범위는 훨씬 깊고 광범위하다. 성공을 요란하게 과시하는 것이 미국 특유의 문화라면 스칸디나비아에서는 겸손을 더 중요한 덕목으로 여긴다. 남들에게 허세로 간주될 고급 자동차를 장만했다가는 하루나 이틀 만에 열쇠로 자동차를 긁히는 테러를 당할지도 모른다.

얀테의 법칙에 여러 가지 부정적인 측면이 있긴 하지만, 긍정적인 효과도 있다. 과시적 소비에 제동을 거는 것은 그 자체로 바람직한 현상이다. 경제적인 능력을 과시하는 사람이 옆에 있으면 부정적인 현상이 벌어질 수 있다. 이와 관련, 한국에는 이런 속담이 있다. "사촌이 땅을 사면 배가 아프다."

돈은 더 많지만 더 행복하지는 않은

한국은 여러 면에서 수많은 선진국이 직면한 결정적인 문제점을 보여주는 전형적인 나라다. 두 세대를 거치는 동안 한국은 세계 최빈국에서 경제대국으로 거듭났다.

한국은 평균수명, 의료 제도의 효율성, 대학 졸업생 비율 면에서 상위권을 차지하고 있다. 조부모 세대는 기근을 기억하지만 손자손녀 세대는 세계 최고 수준의 생활을 누리고 있다. 한국이 이룬 경제 성장은 실로 놀라운 수준이다. 서울을 방문했다가 코펜하겐으로 돌아가면 시간을 한 10년쯤 거슬러 올라간 듯한 기분이 든다. 지금 이 나라는 새롭게 일군 번영을 행복으로 전환시키기 위해 고군분투하고 있다. 2017년 〈세계 행복 보고서〉에서 한국은 55위를 기록했고, 자살률은 놀랍게도 OECD 국가 중에서 1위를 차지했다.

그런데 행복연구소를 그 어느 나라보다 자주 찾는 나라가 한국이기도 하다. 한국의 정치인, 시장, 기자, 대학생, 대학교수들이 우리 연구소를 찾아와 삶의 질을 개선할 방법을 모색한다. 그중 한 사람은 이렇게 말했다. "우리는 오랫동안 미국을 롤모델로 삼았어요. 우리나라를 미국처럼 만들려고 했죠. 하지만 지금은 그게 과연 옳은 길인지 잘 모르겠어요."

번영을 행복으로 전환시키는 데 실패한 전형적인 사례가 바로 미국이다. 미국은 지난 반세기 동안 경제 성장을 이루고 부를 축적하는 데 성공했지만 이것이 행복의 증진으로는 이어지지 않았다. 그 이유 가운데 하나로 꼽을 수 있는 것이 바로 불평등이다. 한 나라의 경제적인 능력이 두 배로 늘었어도 그 부의 90퍼센트가 가장 부유한 10퍼센트의 주머니로 들어간다면 그건 성장이 아니다. 탐욕이다. 고든 게코도 얘기했다시피 행복에 관한 한 탐욕은 바람직하지 않고 효과도 없다.

행복과 경제적인 능력 분리하기

9월이지만 코펜하겐은 아직 따뜻하다. 금요일인 오늘은 하늘이 맑고 파랗다. 평소보다 조금 일찍 사무실을 나섰다. 친구 미카엘과 수영을 하려고 10분 동안 자전거를 타고 코펜하겐 센트럴 하버로 갔다.

한때 수많은 선박이 지나다니는 통로였던 그곳에서 1000여 명의 시민이 물장구를 치고 있었다. 코펜하겐에서 항구가 물놀이장으로 사용된 것은 2001년, 시 차원에서 수질 관리에 투자하기 시작하면서부터다. 그 뒤로 도심에 이런 오아시스가 몇 군데 생겼다. 당시 나는 친구네 집 소파에서 신세를 지고 있었다. 경제적으로 빠듯했지만 다행히 돈이 없어도 마음만 먹으면 얼마든지 이런 여유를 즐길 수 있었다.

코펜하겐에서는 어디든 자전거로 이동할 수 있기 때문에 사실상 차가 없어도 된다. 내가 얼마를 벌든 물은 수영할 수 있을 만큼 깨끗하고 상쾌하게 유지된다. 물론 돈은 중요하다. 그러나 북유럽 국가들은 세계 최고의 레스토랑인 노마에서 식사할 수 있는 사람이 몇 명 안될지 몰라도 경제적인 능력과 개인의 행복을 분리하는 데 어느 정도 성공했

다. 경제적으로 풍족하지 않아도 양질의 삶을 누릴 수 있다는 것이 덴마크 생활의 좋은 점이다. 나는 직장을 잃고 모아놓은 돈을 탕진하더라도 지금과 거의 비슷하게 살 수 있을 것이다.

말은 쉽다고 외치는 여러분의 목소리가 들리는 듯하다. 런던에서 자전거를 타고 다녔다가는 죽을 수도 있다고 얘기하는 소리도 들린다. 충분히 그럴 수 있다. 그렇기 때문에 단 1파운드도 쓰지 않고 1년을 살아본 미셸 맥가의 사연이 더 흥미진진하게 다가온다. 미셸은 북런던 출신의 프리랜서 기자로, 《1년 동안 돈 안 쓰고 살아보기: 나는 어떻게 씀씀이를 줄이고 더 풍요롭게 살 수 있었는가》를 출간한 저자다.

미셸 이야기

미셸 맥가는 2015년에 자신이 소비지상주의의 덫에 걸렸다는 사실을 깨달았다. 그녀는 필요하지도 않은 물건을 사느라 돈을 벌고 있었다. 돈으로 행복을 살 수 있다고 장담하는 광고의 꼬드김에 넘어간 느낌이었다.

그래서 그녀는 365일 동안 반드시 필요한 물건이 아니면 사지 않는 프로젝트에 도전해보기로 했다. 돈을 쓸 수 있는 항목은 대출금, 전화와 인터넷을 비롯한 각종 공과금, 그리고 기본 식료품으로 국한했다(그것도 1주일에 30파운드 한도 안에서).

"쉽지 않았어요." 춥고 암울한 11월에 도전을 시작했으니 더욱 그랬다. 보통 그 시기에는 술집과 식당을 중심으로 일상을 보냈는데 이제는 그럴 수 없었다. "늘 하던 대로 하려고 해도 그럴 만한 돈이 없으니 마음먹은 대로 되지 않아서 조금 비참하더라고요."

하지만 봄과 더불어 엄청난 변화가 찾아왔다. 산책하고 자전거를 타고 호수에서 수영하는 재미에 빠졌다. 런던 구석구석을 누비며 무료 전시회와 박물관을 찾아다녔다. 이벤트 브라이트 같은 사이트에서 무료로 영화를 보고, 와인을 시식하고, 연극을 감상할 수 있는 곳을 검색

했다.

“전시회를 그렇게 많이 다닌 건 평생 처음이었어요. 그중에서 매월 첫 번째 목요일에 동런던의 150개 화랑이 늦게까지 문을 여는 행사가 제일 좋았어요.”

이 도전을 통해 미셸은 모험심을 기를 수 있었다.

“새로운 방식으로 행복을 찾다 보니 예전 같았으면 어림도 없었을 일에 도전하게 되더라고요. 나 자신을 한계까지 밀어붙였고, 물질적으로 부족해도 행복해질 수 있다는 걸 깨달았죠.”

그녀는 자전거를 타고 영국 해안을 누비고 다니며 바닷가에서 캠핑을 했다. 심지어 휴가도 돈 없이 보냈다.

고대 그리스의 금욕주의 철학자 에픽테토스는 가진 게 많은 사람

이 아니라 원하는 게 적은 사람이 부자라고 했다. 미셸의 도전은 지나치게 극단적으로 보일 수 있지만 행복과 경제적인 능력을 분리하는 방법을 한 번쯤 고민해볼 만하다. 행복의 토대가 돈이 아니라는 사실을 깨달을 때 우리는 진정한 보물을 찾을 수 있다.

HAPPINESS TIP

소비를 추억이나 경험으로 연결하자

사야 할 물건이 있으면 기념할 만한 일이 생길 때까지 기다리자. 기억과 결부돼서 실제보다 훨씬 값지게 느껴지도록 말이다.

몇 년 전에 행복연구소는 덴마크의 어느 소도시에서 어떻게 하면 공립 학교 학생들의 행복도를 높일 수 있을지에 대한 연구를 진행한 적이 있다. 그때 우리는 일인당 한 그루씩 학교에 사과나무를 심으라고 제안했다. 7439명이라는 학생 수에 맞춰 7439그루를 심자고 말이다. 아이가 입학하면 학교 측에서 아이의 나무를 알려준다. 수확기가 되면 반마다 다 같이 사과를 딴다. 그리고 학교를 졸업하는 날, 새로 입학하는 학생에게 사과나무를 물려준다.

그렇게 하면 아이들에게 먹을거리가 어디에서 나는지 가르칠 수 있고, 사과를 키워서 따먹는 소박한 즐거움도 알려줄 수 있다. 게다가 함께 뭉쳐서 사과를 수확하는 기쁨과 사과나무를 관리해서 새로운 세대에게 물려준다는 자부심과 책임감을 느낄 수 있다. 얼마나 훌륭한 투자인가!

돈 들이지 않고 행복을 누릴 수 있는 세 가지 방법

1. 책을 읽는다.

나에게 완벽한 오후는 한여름 나무 그늘 아래에 담요를 깔고 누워서 책을 읽는 시간이다. 이 책을 읽고 있는 여러분도 어쩌면 나와 생각이 같을지 모르겠다. 수십 년 전부터 책을 통해 당면한 문제를 해결하는 독서 치료가 있어왔고, 도서관 위에 '영혼의 치유소'라는 푯말을 달아놓았던 것을 보면 독서의 효능에 대한 믿음은 고대 이집트와 그리스까지 거슬러 올라간다. 좀 더 최근의 예를 들면 소설책이 타인의 감정을 파악하고 판독하는 능력을 향상시킨다는 뉴스쿨대학교 심리학자들의 연구 결과가 있다. 《응용사회심리학저널》에 실린 논문에 따르면 비슷한 고민과 문제에 맞닥뜨린 소설 속 등장인물들의 이야기를 읽을 때 우리의 문제를 되돌아보는 능력이 향상된다는 조사 결과가 있다.

2. 스마일 파일을 만든다.

루비 리셉셔니스트는 저널《포춘》이 선정한 미국에서 가장 일하기 좋은 소기업이다. 이곳에서는 신입사원이 입사하면 '스마일 파일'을 주고 동료, 고객, 상사들에게 들은 칭찬을 모두 적으라고 한다. 왜 이렇게 하는 것일까? 우리가 칭찬보다 비난을 훨씬 더 잘 기억하기 때문이다. 가지지 못한 게 아니라 가진 것에 좀 더 집중하는 것은 돈을 들이지 않고 일상에서 행복을 느낄 수 있는 좋은 방법이다.

1주일에 한 번씩 감사한 점을 적어보자. 연구 결과에 따르면 그냥 생각만 했을 때보다 생각을 구체적인 언어로 옮겼을 때 좋은 점이 많다. 일례로 생각이 감정에 미치는 영향을 좀 더 인식하고 증진할 수 있다. 최근 들어 '감사 일기 쓰기'가 점점 더 많은 인기를 모으고 있다. 하지만 이런 훈련을 의무 사항으로 여기지 말아야 한다. 연구 결과에 따르면 감사 일기는 매일 쓰는 것보다 1주일에 한 번 쓰는 게 낫다. 판에 박힌 일상이 되면 소용이 없다.

3. 돈을 쓰지 않아도 재미있게 놀 수 있는 모임을 결성한다.

미셸이 1년 동안 돈을 안 쓰고 살아보기 프로젝트를 시작하기 이전에 그랬듯이, 대부분의 사람들이 음식점과 술집 중심으로 사회생활을 한다. 그렇기 때문에 경제적으로 어려울 때 외톨이가 될 수 있다. 돈을 쓰지 않아도 재미있게 놀 수 있는 모임을 결성하면 이런 사태를 예방할 수 있다. 친구들끼리 한 명씩 돌아가며 저렴한 비용으로 재미있게 놀 수 있는 계획을 세워서 함께 즐기자.

내 경우에는 친구들과 함께 경마를 보러 가거나(각자 먹을거리를 싸 간다), 박물관을 관람하거나, 수영을 하거나, 보드게임을 하거나, 디어하운(코펜하겐 북부에 있는 왕의 예전 사냥터로 수백 마리의 사슴이 살고 있다)으로 하이킹을 간다. 물론 이런 것들이 여러분의 취향에 맞지 않을 수도 있다. 여러분 나름의 방법을 개발해야 한다. 중요한 것은 행복에 미치는 돈의 가치와 영향력을 없애려고 노력하는 것이다.

경제적인 능력을 행복으로 치환하기

부유한 나라의 국민일수록 대체적으로 행복한 것은 맞지만
경제대국들로 범위를 좁혀보면 일정한 패턴이 없다.

2017년 〈세계 행복 보고서〉에 따르면, 전 세계를 통틀어 가장 부유한 나라로 꼽히는 카타르는 행복지수 순위에서 35위를 차지했다. 반면 그보다 가난한 코스타리카는 12위를 기록했다. 그런가 하면 경제적인 능력을 행복으로 치환하는 능력이 유달리 부족한 나라도 있다. 예를 들어 미국은 세계에서 18번째로 부유한 나라로 GDP가 덴마크, 핀란드, 스웨덴, 아이슬란드보다 높지만 이 나라들보다 행복지수가 낮다.

이를 보면 두 가지 사실을 알 수 있다. 첫째, 돈이 중요한 것은 사실이지만 그게 다는 아니다. 둘째, 돈을 얼마나 버는가뿐만 아니라 그 돈을 어떻게 쓰는가도 중요하다. 21세기에는 경제적인 능력을 행복으로 가장 효과적으로 치환하는 나라가 성공한 나라가 될 것이다.

그렇다면 행복을 추구하는 가장 효율적인 방법은 무엇일까?

물건이 아니라 추억에 투자한다

공항에서 유시와 만나자마자 우리 둘은 핀란드의 독특한 사우나 문화로 이야기꽃을 피웠다.

"핀란드 사우나가 스웨덴 사우나보다 나은 것 같아요."

"어째서요?" 나는 사우나의 수준을 어떤 식으로 판단하는지 알 수 없어서 이렇게 물었다.

"더 따뜻하거든요."

"더 따뜻한 정도가 아니죠. 제 경우에는 사우나 안에서 숨을 쉴 때마다 고춧가루를 마시는 기분이었어요. 입 안쪽에서도 땀이 날 수 있다는 걸 그때 깨달았어요."

핀란드 사우나에서는 20분마다 직원이 들어와서 물으면 그 안에 앉아 있는 사람들은 '퀼레kyllä'라고 대답한다. 퀼레는 핀란드어로 '예'라는 뜻이다. 이때 누가 핀란드 사람이고 누가 아닌지 단번에 알아차릴 수 있다. 퀼레라고 대답하지 않아서 그런 게 아니라 '맙소사, 저 사람이 사우나 온도를 높여줄까,라고 묻는 걸까?' 하고 궁금해하다가 직원이 달궈진 돌 위에 물을 뿌린 순간 뜨거운 수증기가 뿜어져 나오는 것을 보고 겁에 질린 표정을 짓는지 아닌지를 보면 백발백중이다.

어두컴컴한 공간에서 뜨거운 열기에 노출돼 있으면 호흡에 집중할 수밖에 없기 때문에 명상을 하기에 딱 알맞다. 코펜하겐으로 돌아갔을 때 맨 처음 한 일 가운데 하나가 사우나 찾기였다. 하여튼 헬싱키에서 보낸 그날은 뜨거운 사우나 덕분에 얼음처럼 차가운 물속으로 뛰어드는 순간을 즐겁게 기다릴 수 있었다. 차갑긴 했지만 생각했던 것만큼 죽을 정도는 아니었다. 어두컴컴한 1월 저녁, 헬싱키에서 얼음을 헤치고 수영을 한 다음 반나체로 서 있는데도 몸이 따뜻해지는 기분을 느꼈다. 겨울 수영을 시도해본 것이 그때가 처음이었는데 말로 표현할 수 없는 희열을 경험했다. 살아 있다는 기분을 느꼈던 이날의 추억은 죽을 때까지 잊지 못할 것이다.

HAPPINESS TIP

경험은 행복을 위한 투자다

경험은 행복한 추억을 위한 투자다.

자신만의 이야기와 발전을 위해 투자를 해보자.

여러 건의 연구 결과로 밝혀졌듯 사람들은 경험을 구입했을 때 돈을 잘 썼다고 생각한다. 돈을 주고 행복을 살 작정이라면 물품이 아니라 경험에 투자하는 것이 현명한 선택이다. 행복지수를 높이려고 돈을 썼을 때, 예컨대 아이폰과 여행 중 어떤 것을 구입했을 때 더 행복했냐고 물으면 경험이라고 대답한 응답자가 57퍼센트인 반면 물품이라고 대답한 응답자는 34퍼센트 정도였다.

특히 다른 사람들과 어울릴 수 있는 계기를 제공하는 경험이나 자신을 돌아볼 수 있게 만드는 경험일수록 행복지수를 높이는 데 더욱 효과적이다.

HAPPINESS TIP

좀 더 의미 있는 경험에 투자하라

평생 품어온 열렬한 관심사에 한 걸음 다가갈 수 있는 경험을 해보는 건 어떨까? 예를 들어 세계적으로 손꼽히는 파란색 전문가가 되어볼 수 있다.

그러려면 역사(귀족의 혈통을 푸른 피라고 표현하는 이유는 뭘까?), 과학(하늘은 왜 파랄까?), 인류학(문화별로 파란색에는 어떤 의미가 있을까?), 언어(어째서 파란색은 영어로는 블루blue, 독일어로는 블라우blau, 프랑스어로는 블뢰bleu로 비슷한데 스페인어로는 아줄azul, 폴란드어로는 니에비에스키niebieski, 핀란드어로는 시니넨sininen으로 전혀 다를까?), 해부학(인간의 눈은 얼마나 다양한 종류의 파란색을 구분할 수 있을까?), 유전학(파란 눈으로 태어나는 인구가 적은 이유는 무엇일까?), 사진(블루 아워The blue hour가 신비롭게 느껴지는 이유는 무엇일까?) 등 다양한 관점에서 연구해야 한다.

파란색 전문가가 되어볼 작정이라면 북모로코의 리프 산악 지대에 있는 푸른 빛의 도시 셰프샤우엔이나 에티오피아의 블루 나일 강, 오스트레일리아의 블루 산악 지대를 여행해보는 건 어떨까? 덕분에 파란색에 대한 열정을 더욱 부채질할 수 있다면 훨씬 보람 있는 경험이 될 것이다. 뿐만 아니라 직업 이외의 다른 아이덴티티도 부여될 것이다.

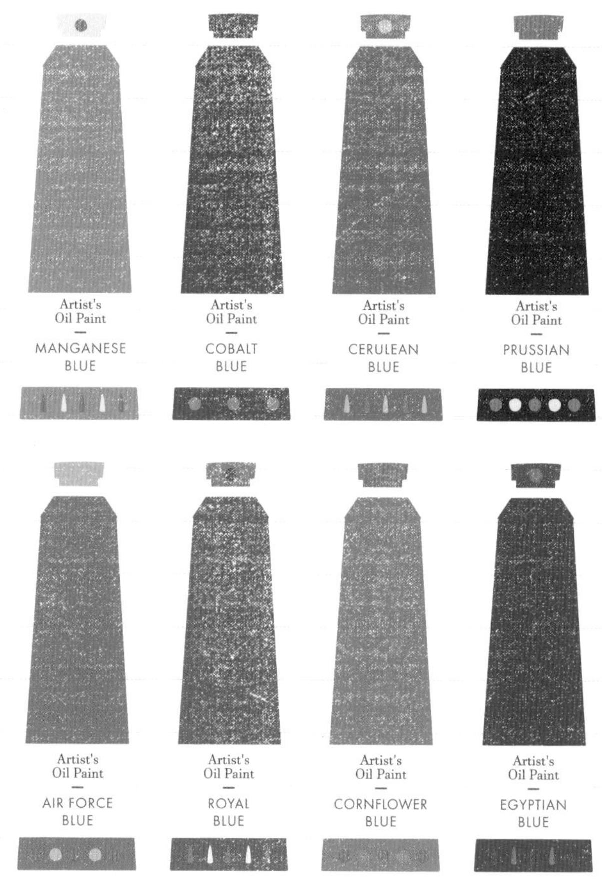
Artist's
Oil Paint
MANGANESE
BLUE
Artist's
Oil Paint
COBALT
BLUE
Artist's
Oil Paint
CERULEAN
BLUE
Artist's
Oil Paint
PRUSSIAN
BLUE
Artist's
Oil Paint
AIR FORCE
BLUE
Artist's
Oil Paint
ROYAL
BLUE
Artist's
Oil Paint
CORNFLOWER
BLUE
Artist's
Oil Paint
EGYPTIAN
BLUE

행복으로 얼마만큼의 경제적 여유를 살 수 있을까?

돈과 행복의 상관관계를 따져보자. 돈이 있으면 삶의 만족도가 높아진다. 그렇다면 역관계도 성립할지 모른다. 행복하면 수입이 더 많아질 수도 있다.

행복을 주제로 아랍에미리트연합에서 열린 학회에서 옥스퍼드대학교 사이드경영대학원 부교수 얀 에마누엘 드 네브 박사를 처음 만났다.

"우리는 〈애드 헬스 데이터〉를 기반으로 그래프를 엉뚱한 방향에서 해석했어요." 얀이 얘기했다.

〈애드 헬스 데이터〉는 미국의 표본집단을 오랜 기간 동안 연구한 자료인데 긍정적인 정서, 삶의 만족도, 수입 같은 항목이 포함돼 있다.

"어렸을 때 행복지수가 높았던 사람일수록 나중에 수입이 더 많더군요."

"교육 수준이 높고 수입이 많은 부모 밑에서 태어난 아이가 남들보다 행복하게 자랄 가능성이 크고 고등교육을 보장받을 수 있기 때문에 나중에 수입이 더 많아지는 거 아닐까요?" 나는 그 테이블에서 가장 식견이 모자른 사람이었기에 이렇게 물으며 속으로 뿌듯해했다.

"그렇지 않아요." 얀은 웃으면서 핵무기 발사 암호를 폭로하려는 사람처럼 테이블 위로 몸을 내밀었다. "형제자매도 수천 명 포함돼 있기 때문에 부모의 영향을 배제할 수 있어요. 형제자매 중에서도 더 행복한 쪽이 나중에 돈을 더 많이 버는 것으로 밝혀졌어요."

그 차이는 실로 엄청났다. 연구 결과에 따르면 22살 때 0~5점으로 표시한 행복지수가 1점 증가할 때마다 7년 뒤 수입이 2000달러 많은 것으로 밝혀졌다. 긍정적인 사람일수록 학위를 따고 취직하고 승진할 가능성이 높았다. 이는 교육 수준, 지능지수, 건강, 키, 자존감, 미래의 행복지수 등을 모두 감안한 연구 결과이기 때문에 더욱 신뢰도가 높다.

이 연구에서 강조하는 부분은 어린 아이들이 주관적으로 느끼는 행복의 중요성인데, 나는 얀이 결론을 공개하면서 왜 언성을 낮추었는지 이해할 수 있었다. 아이들이 이걸 잘못 해석하면 위험할 수 있기 때문이다. "숙제할 필요 없어요. 아빠, 과자나 주세요. 안 그러면 내 미래의 수입이 위험해져요." 그러니까 〈형제 고정 효과를 통해 살펴본 삶의 만족도와 긍정적인 정서가 미래의 수입에 미치는 영향〉의 연구 결과는 우리끼리만 알고 있기로 하자.

세계 각국의 돈을 행복으로 치환하려는 노력

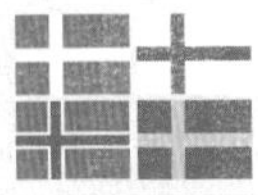

공익에 투자하다 　　북유럽 국가

높은 세율에 대한 대중의 지지는 삶의 질 측면에서 훌륭한 수익으로 환산된다.(52쪽 참조)

'적게 쓰고 더 풍요롭게 살기' 실험 　　영국

미셸 맥가는 1년 동안 소비를 최대한 줄이는 실험을 한 결과, 거금을 들이지 않아도 삶을 즐길 수 있는 다양한 방법을 찾았다.(112~114쪽 참조)

기부 선언 　　미국

기부 선언은 워런 버핏과 빌, 멜린다 게이츠 부부가 시작한 자선사업이다. 빈곤 해소부터 의료, 교육에 이르기까지 사회의 가장 심각한 문제를 해결하기 위해 전 세계적으로 손꼽히는 거부들에게 재산의 상당 부분을 기부하도록 유도하는 사업이다. 현재까지 15개가 넘는 나라에서 150명이 넘는 억만장자들이 기부 선언에 동참했다.

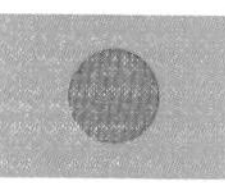

극빈층을 겨냥한 프로그램

방글라데시 파브나

BRAC라는 개발기구를 통해 극빈층을 한데 모으고, 서로 힘을 합쳐 사업을 도모하고, 공동체의 문제를 해결하도록 돕는다.

로빈 후드 레스토랑

스페인 마드리드

멘사헤로스 드 라 파스라는 자선단체에서 설립한 이곳은 낮에는 평범한 음식점이지만 저녁이 되면 노숙인들이 꽃 장식과 완벽한 식사 도구, 유리잔을 갖춘 테이블에서 무료로 식사를 할 수 있는 선구적인 공간으로 변신한다. 비용은 아침과 점심 손님에게 받은 돈으로 충당한다.

손을 내미는 베트남

베트남 호이안

손을 내미는 베트남은 장애인들에게 기술을 가르치고 의미 있는 고용을 창출해 공동체의 완벽한 일원으로 독립적이고 보람찬 삶을 살 수 있는 기회를 제공하기 위해 만들어진 프로그램이다. 공정거래 선물 가게에서 이들이 만든 상품을 판매하는데, 그 수익은 이들에게 직업훈련을 시키고 일자리를 연결해주는 사업에 쓰인다.

5장

행복의 필수 요건,
건강

건강과 행복의 상관관계

어느 문화권이건 모든 부모가 아이들에게 바라는 것은 건강이다. 건강해야 놀 수도 있고, 모험을 떠날 수도 있고, 행복을 추구할 수도 있다.

행복연구소에서는 레오 이노베이션 랩과 손을 잡고 건선이 행복에 어떤 영향을 미치는지 공동 연구를 진행하고 있다. 널리 알려져 있다시피 건선은 재발이 잘 되기로 유명한 만성 염증성 피부 질환이다. 현재까지 전 세계 40여 개국에서 5만 건에 달하는 데이터를 수집했다.

지금까지 행복 연구를 하면서 전반적인 의료 혜택을 제공하는 것보다 삶의 질을 개선하는 데 더 확실한 효과를 발휘하는 정책을 본 적이 없다. 가장 행복한 나라 순위에서 꾸준히 10위권 안에 드는 북유럽 국가에서는 누구나 무상으로 의료 혜택을 누릴 수 있다. 건강과 질병 면에서 일상적인 걱정을 덜 수 있기 때문에 이를 든든한 버팀목 삼아 고도의 행복을 추구할 수 있는 것이다.

버니 샌더스 미국 상원 의원은 이렇게 표현했다. "덴마크 사람들이 생각하는 '자유'의 개념은 일반적인 통념과 전혀 다르다. 이들은 오랜 과정을 거쳐 경제적 불안에 따르는 엄청난 불안을 해소했다. 소수가 막대한 부를 소유하는 제도를 주창하기보다 노약자와 장애인을 비롯한 구성원 모두에게 최소한의 생활 수준을 보장하는 제도를 개발했다." 그러니까 교사가 암 치료비 때문에 마약왕으로 변하는 텔레비전 드라마 《브레이킹 배드》는 북유럽 국가의 시각에서는 말도 안 되는 작품이다.

뿐만 아니라 행복과 건강은 서로 역관계도 성립돼서 행복이 건강에 영향을 미치기도 한다. 행복할수록 건강하게 지낼 수 있다. 2012년 〈세계 행복 보고서〉에 따르면 이렇다.

"의학계의 연구 결과, 낮은 행복지수와 관상동맥질환, 뇌졸중, 수명의 상관관계가 높은 것으로 드러났다. 정서가 긍정적인 사람일수록 신경내분비, 항염, 심혈관 기능이 뛰어났다. 정서가 긍정적인 사람일수록 감기 바이러스에 노출됐을 때 감기에 걸릴 확률이 낮고, 감기에 걸리더라도 금세 나았다."

이와 관련, 유니버시티 칼리지 런던(UCL) 소속 보건연구소의 행동과학 및 보건 분과장이자 심리학과 교수인 앤드루 스텝토와 UCL 소속 보건 행동연구센터의 임상심리학 교수인 제인 워들이 실시한 연구는 주목할 만하다. 이들은 5년에 걸쳐 4000명에 달하는 52~79세 영국인을 세 그룹으로 나눠 기분을 묻는 방식으로 참가자들의 정서적인 행복을 측정하는 설문 조사를 실시했다. 그 결과, 인적 사항이나 건강 상태 같은 조건을 조절했는데도 가장 행복한 그룹의 사망률이 다른 그룹보다 34퍼센트 낮은 것으로 밝혀졌다.

이런 연구 결과를 보면 행복한 덴마크 국민들의 평균 수명이 세계에서 가장 길어야 할 것 같지만 실상은 그렇지 않다. 평균 수명이 가장 긴 나라는 일본이다. 덴마크는 27위로, 평균 수명이 미국보다는 1년 정도 길지만 영국보다는 6개월 짧다. 뿐만 아니라 덴마크는 북유럽 국가 중에서 평균 수명이 제일 짧다.

대개 담배를 많이 피우고 술을 많이 마시며 고기와 설탕을 많이 먹는 덴마크 국민들은 건강한 장수 생활과는 거리가 멀다. 덴마크 문화와 덴마크 생활 방식의 주춧돌이라 할 수 있는 휘게는 아무 죄책감 없이 시나몬 롤과 휘핑크림을 얹은 핫 초콜릿을 흡입하는 것으로 나타나기도 한다. 다시 말해 휘게가 행복에는 좋을지 몰라도 건강에는 좋지 않

평균 수명

국가	평균 수명
일본	83.7
스위스	83.4
싱가포르	83.1
오스트레일리아	82.8
스페인	82.8
아이슬란드	82.7
이탈리아	82.7
이스라엘	82.6
스웨덴	82.4
프랑스	82.4
노르웨이	81.8
영국	81.2
핀란드	81.1
포르투갈	81.1
독일	81
덴마크	80.6
미국	79.3
폴란드	77.5
브라질	75
러시아 연방	70.5
인도	68.5
시에라리온	50.1

출처: 세계보건기구

을 수도 있다.

작년에 전 세계적으로 휘게 열풍이 확산되면서 빵과 과자의 수요가 급증했고, 전 세계 향신료 시장에까지 영향을 미쳤다. "휘게 운동이 시작된 이후 케이크와 번의 판매량이 3분의 1 정도 늘었어요." 런던에서 스칸디키친을 운영하는 요나스 아우렐은《파이낸셜 타임스》에서 이렇게 얘기했다. 한편 계피값은 20퍼센트 폭등했다.

물론 여기서 의문이 들기도 한다. 프래글(미국의 어린이용 텔레비전 프로그램《프래글 록스》의 등장인물들-옮긴이)이 두저 스틱을 탐닉하듯 덴마크 국민들은 빵과 과자를 흡입하는데 어째서 비만율은 107위에 불과할까(영국은 43위, 미국은 18위인데 비해)?

덴마크 국민들은 시나몬 롤을 즐기지만, 몸을 많이 움직이는 편이다. 덴마크 국민이 모두 수영과 자전거 타기, 스키 마니아는 아니지만 유럽의 통계청 유로스탯에 따르면 덴마크 인구의 31퍼센트가 1주일에 최소 다섯 시간 이상 운동을 한다. 덴마크 국민들은 다른 나라 국민들 못지않게 헬스클럽이라면 질색하는데 무슨 수로 그 많은 시간 동안 운동을 하는 걸까?

두 바퀴로 달리는 바이킹족

코펜하겐에서는 45퍼센트 정도의 사람들이 자전거를 타고 출퇴근이나 등하교를 한다. 직장과 집이 모두 코펜하겐에 있는 사람으로 범위를 좁히면 그 비율은 63퍼센트로 급증한다. 게다가 자전거를 타는 대다수가 알록달록한 '쫄입중남(쫄쫄이를 입은 중년 남자)'도 아니다. 투르 드 프랑스(1903년에 창설된 프랑스 도로 일주 사이클 대회 – 옮긴이)에 참가하는 게 아니라, 자전거를 타고 출근하는 것에 불과하다. 그래서 하이힐을 신고 정장을 입은 채로 자전거를 탄다. 나 역시 작년 섣달그믐에 스모킹 재킷을 입고 자전거를 탔다.

두 바퀴 세상

코펜하겐이 두 바퀴에 점령당한 것은 상당히 최근 들어 나타난 현상이다. 코펜하겐에서는 차량보다 자전거의 대수가 더 많다. 이 도시에서 자전거족보다 더 숫자가 많은 건 자전거에 관련된 통계자료뿐인 듯하다. 덴마크 자전거 대사관에 따르면 다음과 같다.

덴마크 국민 10명 중 9명이 자전거를 보유하고 있다.

코펜하겐에서는 자전거 대수가 자동차 대수의 다섯 배 정도다.

덴마크 의원의 63퍼센트가 날마다 자전거로 등원한다.

코펜하겐에서는 58퍼센트의 아이들이 자전거로 등교한다. 10~16세 아이들의 전국 평균 수치는 44퍼센트다.

코펜하겐의 자전거도로는 450킬로미터가 넘는다.

덴마크에서는 이동의 17퍼센트가 자전거로 이루어진다(코펜하겐처럼 인구밀도가 높은 도시로 한정하면 비율이 훨씬 높아진다).

아이가 있는 가족의 17퍼센트가 화물용 자전거를 보유하고 있다.

덴마크 국민들은 하루 평균 1.5킬로미터 정도 자전거를 탄다.

코펜하겐에서는 해마다 1만 8000대의 자전거가 도난당한다.

코펜하겐 자전거족의 하루 이동 거리를 합산하면 12만 킬로미터가 넘는다.

자전거족의 75퍼센트가 1년 내내 자전거로 이동한다.

이 통계자료를 증명해주는 가장 단적인 예로 코펜하겐의 자전거 도로 중에서 가장 번잡한 뇌레브로가데의 오전 러시아워 풍경이 있다. 나도 8년 전부터 날마다 학생, 회사원, 의원, 엉금엉금 기어가는 초보자 틈에 섞여서 그 길로 출퇴근을 하고 있다.

두 바퀴로 달리는 바이킹족이 이처럼 늘어난 이유는 자전거를 타기 워낙 좋은 조건이 갖추어져 있기 때문이다. 코펜하겐에 와보면 이 도시가 어느 정도로 자전거족의 편의를 도모하고 있는지 곳곳에서 느낄 수 있다. 쓰레기통에는 경사진 뚜껑이 달려 있고(달리는 속도를 그대로 유지하면서 테이크아웃 커피잔을 버릴 수 있도록), 신호등 앞에는 기다리는 동안 발을 올려놓을 수 있는 발판이 있다. 눈이 내리면 자전거 도로가 자동차도로보다 먼저 제설 작업이 이루어진다. 코펜하겐에서 자전거족은 2순위로 간주되지 않는다. 존중받는 정도가 아니라 도로의 왕이다.

HAPPINESS TIP

자전거를 타라

이번 주말에는 자전거의 쌓인 먼지를 털고
밖으로 나가자.

여러분에게도 자전거를 타고 곳곳을 누비던 어린 시절의 기분 좋은 추억이 있을 것이다. 이제 그 시절에 느꼈던 애정을 되살릴 시간이다.

건강에 좋은 습관은 언제 시작해도 늦지 않다

체질량지수(BMI)는 건강을 측정하는 만족스러운 지표라고 볼 수 없고, 단순히 체중이 건강을 좌우하는 것도 아니다. 그런데 자전거를 타면 이런 장점들이 있다.

글래스고대학교에서 2017년《영국 의학저널》을 통해 공개한 새로운 연구 결과에 따르면 자전거로 출퇴근하는 경우 몸을 쓰지 않는 교통수단으로 출퇴근하는 경우에 비해 조기 사망률이 41퍼센트 감소한다. 암 발병률은 45퍼센트, 심장병 발병률은 46퍼센트 감소한다. 영국 바이오뱅크에 등록된 26만여 명의 데이터를 5년 동안 엄밀하게 추적 관찰한 연구 결과다. 5년 동안 발생한 암, 심장마비, 사망 사례를 파악하고 참가자들의 출퇴근 방식과 비교 검토했다. 이 연구 결과는 덴마크에서 자전거가 건강에 미치는 영향을 연구한 결과와 일치한다.

그중에서도 50~65세 덴마크 국민 5만여 명을 연구한 결과를 예로 들면, 20년 동안 추적 관찰한 참가자들 가운데 연구가 시작됐을 당시에는 아니었지만 5년 이내로 자전거 출퇴근을 시작한 사람들은 수동적인 교통수단으로 출퇴근한 사람들에 비해 심장병 발병률이 26퍼센트 낮았다. 이 같은 연구 결과를 보면 건강에 좋은 습관은 언제 시작해도 늦지 않다. 덴마크에서 이루어진 또 다른 연구 결과에 따르면 자전거로 출퇴근하는 사람들은 수동적인 교통수단으로 출퇴근하는 사람들에 비해 사망률이 30퍼센트 낮았다.

그뿐 아니라 자전거 타기는 당뇨병과 골다공증, 우울증을 예방하는 효과도 있다. 영국의학협회에 따르면 자전거 타기를 통해 얻을 수 있는 평균 수명 연장 효과가 사고로 인해 부가되는 위험 요소보다 스무 배 더 유의미하다고 한다. 물론 어느 경우에도 사고는 발생하기 마련이지만 코펜하겐 자전거족의 사망률은 주행거리 440만킬로미터당 1명꼴이다. 440만킬로미터는 지구를 110바퀴 도는 거리에 해당한다. 자전거를 타면 활기가 넘치고 건강해진다. 그리고 단기적으로, 장기적으로 더 행복해진다.

자전거를 타면 수명이 늘고 허리둘레가 줄어들 뿐 아니라 교통 체증과 대기 오염, 소음 공해가 줄어들고, 우리가 사는 도시의 경제 상황이 개선된다. 코펜하겐 의회에서는 자전거와 자동차가 사회에 미치는 영향을 측정한 적이 있다. 대기오염, 교통사고, 교통 체증, 소음, 기반 시설의 마모와 파열 측면에서 보았을 때, 자전거를 이용하면 자동차에 비해 1킬로미터당 0.45크로네(한화 약 80원)가 절약되는 것으로 밝혀졌다. 이 나라의 수도에서만 자전거로 이동하는 거리가 연간 4억킬로미터가 넘으니 그 가치가 얼마나 될지 계산해보라.

저널《모노클》과《머서》에서 가장 살기 좋은 도시로 선정된 곳들이 대부분 자전거를 타기에 좋은 도시인 것은 우연의 일치가 아니다. 코펜하겐뿐만 아니라 베를린, 빈, 스톡홀름도 여기에 포함된다. 코펜하겐 인구의 3분의 2가 자전거가 이 도시의 공기에 긍정적인 영향을 미친다고 믿는다. 하지만 대다수의 덴마크 국민들에게 그건 중요한 문제가 아니다. 이들이 자전거를 타는 이유는 건강해지기 위해서나, 교통 체증을 해소하기 위해서나, 나라의 경제에 보탬이 되기 위해서나, 환경을 보호하기 위해서가 아니다. 그저 쉽고 편리하기 때문이다.

도시와 사회의 평형 장치

"경제적으로 풍요로운 곳이 아니라 그 안에 사는 사람들이 행복한 곳이 성공적인 도시다. 우리는 자전거 타기에 좋고 걷기에 좋은 환경을 만듦으로써 인간을 존중하는 마음을 표현할 수 있다. 이런 메시지를 전달하는 것이다. '당신은 소중해요. 돈이 많아서가 아니라 인간이기에.' 상대방을 귀하게 대하면 그들은 그에 걸맞게 행동한다. 새들은 날아야 하듯, 우리는 걸어야 한다. 공적인 공간을 만드는 것은 평등하고 행복한 사회로 나아가는 방편이다."

쿠알라룸푸르에서 열린 컨벤션에서 길예르모 페냐로사가 한 말이다. 그는 콜롬비아 보고타의 공원, 스포츠, 레크리에이션 국장을 역임한 인물이다. 나는 몇 년 전에 그와 같은 성을 쓰는 남성이 걷기 좋은 도시를 주제로 열변을 토하는 것을 들은 기억이 났다.

"혹시 엔리케 페냐로사와 서로 아는 사이세요?" 내가 물었다. 길예르모는 두 팔을 벌리며 미소를 지었다. "제 형입니다." 그의 형 엔리케는 보고타 시장으로 이 두 사람은 심지어 코펜하겐 시민들조차 감탄할 정도로 걷기, 자전거 타기, 공적인 공간을 열렬하게 찬양한다.

행복의 가장 큰 장애물은 열등감 또는 배척감이다. 훌륭한 도시는 시민들이 이런 기분을 느끼지 않도록 배려한다. 나는 길예르모를 만난 날, 컨벤션이 열린 곳에서 200미터 거리에 위치해 있는 식물원까지 걸어가려고 했지만 인도가 없어서 포기했다.

"돈이 없는 사람들도 차를 몰고 다니는 나라가 선진국이 아닙니다. 돈이 많은 사람들도 대중교통을 애용하는 나라가 선진국이죠. 그런 사람들도 자전거를 타고 다니는 나라가 선진국입니다. 돈이 많은 사람과 돈이 없는 사람이 동등하게 만날 수 있는 도시를 건설해야 합니다. 공원에서, 인도에서, 대중교통 안에서요."

그가 얘기하고자 하는 핵심은 아름다운 공원, 자전거 도로, 걸어 다닐 수 있는 거리 같은 훌륭한 공적인 공간이 사회의 믹서 역할을 한다는 것이다. 도시와 사회에서 평형 장치 역할을 한다는 것이다.

보고타에서 벌인 사업 중에는 일요일마다 100킬로미터가 넘는 도로의 차량을 통제하는 시클로비아Ciclovia가 있다. 이렇게 걷기 좋고, 자전거 타기 좋고, 놀기 좋은 곳으로 바뀐 도로를 100만여 명이 이용한다. 전 세계의 여러 도시로 확산된 이 프로젝트를 도입하면 일상 속에서 운동하는 시간을 좀 더 늘릴 수 있다.

TEA ROOMS & GARDENS
ROCHESTER
Sinders Florist
01634
848244

THE
GORDON
STEAK
HOUSE
THE
GORDON
CHIPPY
Traditional
Fish & Chips
01634 814769
ICE CREAM
ICE CREAM
Fish &
Chips

더 많이 걷기

헬스클럽에 가지 않아도 더 많은 주변 사람들과 만나며 운동량을 늘릴 수 있는 열 가지 방법을 소개한다.

1. 에스컬레이터를 타지 않는다.
2. 회사 동료에게 할 얘기가 있으면 전화를 하거나 이메일을 보내지 말고 직접 찾아간다.
3. 걷기 친구를 찾는다. 걷기 파트너가 있으면 특히 날이 흐리거나 꾀가 나는 날, 강력한 자극제가 된다.
4. 경치가 좋은 루트를 선택한다. 가장 빠른 길이 아니라 가장 예쁜 길을 알려주는 앱도 있다.
5. 매주 수요일을 걷는 날로 정한다. 이날만큼은 저녁을 먹은 뒤에 친구나 가족들과 함께, 아니면 혼자라도 나가서 걷는다.

6. 동전 던지기 여행을 해보자. 여러분이 살고 있는 동네에서 새로운 풍경을 발견할 수 있는 좋은 방법이다. 산책할 때마다 매번 같은 길로 다닐 가능성이 높으니 동전을 들고 나가서 갈림길이 나올 때마다 동전을 던져서 결정하자. 동네를 더 잘 알게 되면 더욱 애정이 생기고 마음에 드는 새로운 장소를 찾을 수도 있다.

7. 팟캐스트를 챙긴다. 혼자 나선 길이라면 재미있는 무료 팟캐스트를 들으며 걸으면 더욱 즐거울 것이다.

8. 가만히 기다리지 말고 걷는다. 예를 들어 병원에 예약한 시간보다 일찍 도착했다면 대기실에 마냥 앉아 있지 말고 그 블록을 한 바퀴 걷고 온다.

9. 친구를 만나면 커피를 마시지 말고 같이 걷는다. 아니면 같이 걸으면서 커피를 마신다.

10. 걷기나 하이킹 동호회에 가입한다. 동네에 이미 동호회가 있을 수도 있다. 없으면 하나 만들어보지 않겠느냐고 동네 주민들에게 의향을 물어본다.

HAPPINESS TIP

날마다 조금씩 더 움직이기

일상 속에서 움직일 수 있는 기회를 계속 늘린다. 계단으로 다니고, 걸으면서 회의하고, 마트 입구에서 최대한 먼 곳에 주차한다.

가장 확실한 방법은 자전거로 출퇴근이나 등하교를 하는 것이다. 자전거 타기에 적합하지 않은 도시에 살고 있다면 차가 아니라 인간을 위한 기반 시설에 투자해달라고 시의회를 설득하는 것이 장기적인 관점에서 첫 단추가 될 것이다. 물론 단기적인 해결책도 있다.

덴마크 국민들의 운동량이 유럽연합의 다른 나라보다 많은 이유는 자전거를 운동 수단으로 여기지 않고 이동 수단으로 여기기 때문이다. 헬스클럽까지 가지 않아도 체력 단련이 일상의 일부분이 되었다고나 할까.

우리는 지나치게 편리한 사회를 건설해놓았다. 가만히 앉아서 일하고, 가만히 서서 에스컬레이터를 타고 다니며, 자동으로 열리는 문으로 드나든다. 그러다가 모처럼 운동을 하려면 헬스클럽까지 차를 끌고 가서 한 시간 동안 계단 밟기 운동을 한다. 덴마크식 생활 방식의 핵심은 일상 속에서 몸을 움직이는 것이다.

행복연구소는 코펜하겐 도심의 호숫가에 있다. 근처에 차가 다니지 않아서 호숫가를 걸으며 긴 시간 동안 통화를 할 수 있다. 심지어 가끔 산책을 겸한 회의도 할 수 있다. 직원들과 나는 연례 보고를 생략하는 대신 매달 대화를 나누는데, 그때마다 걸으면서 대화를 나눈다.

내 경우 일상의 사소한 부분에서 체력 단련을 실천하기도 한다. 행복연구소 바리스타에게 커피를 한 잔 부탁해놓고 건물 꼭대기 5층까지 걸어 올라갔다가 다시 내려오는 것이다. 그러면 커피가 만들어져 있다. 특별히 시간을 투자해야 할 만큼 오래 걸리는 것도 아니다. 하루에 커피를 4잔 정도 마시니 매주 100층을 계단으로 오르내리는 셈이다. 이와 비슷하게 컴퓨터 앞에 두 시간 동안 앉아 있을 때마다 팔굽혀 펴기를 25개씩 한다. 그러다 직원들에게 들키면 창피하지 않으냐고? 물론이다. 그럼에도 그럴 만한 가치가 있다고 생각하느냐고? 물론이다.

기분 좋은 이동 수단

덴마크 국민들이 자전거를 사랑하는 이유 가운데 하나는 일상의 기분을 좌우하기 때문이다.

걷거나 자전거를 타고 다니면 운동 효과도 있지만 차를 타고 다닐 때보다 기분이 더 좋아진다는 연구 결과가 있다. 몬트리올의 맥길대학교가 어떤 이동 수단이 기분을 가장 좋아지게 만드는지 연구한 적이 있다. 여름과 겨울 동안 3400명을 대상으로 자동차, 버스, 기차, 지하철, 자전거, 도보 이렇게 여섯 가지 대표적인 이동 수단을 조사했다. 여러 가지 측면에서 만족도를 측정하고 이를 토대로 각 이동 수단의 종합 점수를 산정했다. 가장 만족도가 높은 집단은 걸어서 출근하는 집단이었고, 가장 만족도가 낮은 집단은 버스로 출근하는 집단이었다.

당연한 거 아니냐고? 출퇴근하는 데 세 시간씩 걸리지 않으니 걸어서 다닐 수 있는 거 아니냐고? 맞는 말이다. 출퇴근에 걸리는 시간이 이동 수단을 결정하는 데 중요한 요소로 작용하는 측면이 있기는 하다.

그렇다면 이동 수단을 바꾸었을 때 어떤 일이 벌어지는지 장기적으로 관찰하면 어떤 결과가 나타날까? 이스트앵글리아대학교와 요크대학교에서 이런 조건에 딱 들어맞는 연구를 한 적 있다. 1만 8000명의 영국인을 18년 동안 추적 관찰한 결과 2014년에 〈적극적인 출퇴근 수단이 정신 건강에 좋은 영향을 미칠까? 18년간 추적 연구한 영국 가구 패널 조사〉라는 제목의 논문을 발표한 것이다. 이 논문에 따르면 차를 몰고 다니다가 도보나 자전거로 이동 수단을 바꾼 사람들은 심지어 전보다 시간이 더 많이 걸리는 경우라도 정신 건강이 개선된 것으로 밝혀졌다.

나는 자전거를 타고 출근하는 길에 널찍한 공원을 지난다. 그곳을 보며 봄이 왔다는 걸 느낄 수 있다. 벚꽃이 활짝 피면 사방이 꽃내음으로 가득찬다. 차보다 자전거를 타고 다닐 때 더 기분이 좋아지는 이유 중 하나는 감각적인 자극을 좀 더 많이 받을 수 있기 때문이다. 걷기는 운전에 비해 좀 더 감각적인 활동이기 때문에 살아 있는 기분을 만끽할 수 있다.

자연이 우리의 행복과 건강에 미치는 영향

길게 심호흡해 촉촉하고 상쾌한 공기로
허파를 가득 채운다.

천천히 숲을 가르며 걷다 보면 햇살이 그 사이로 춤을 춘다. 잠깐 걸음을 멈추고 눈을 감으면 들리는 것은 내 숨소리와 멀리서 새가 우는 소리, 나무를 관통하는 바람 소리뿐이다. 160여 년 전에 헨리 데이비드 소로는《월든》에서 불만 해소용으로 황야라는 강장제를 처방했다. 요즘은 삼림욕으로 비슷한 효과를 누릴 수 있다.

'숲에서 목욕을 한다'는 뜻의 삼림욕은 자연의 풍경과 향기와 소리를 몸속으로 흡수해 정신적, 육체적 건강을 도모하는 행위다. 일본에서는 1982년에야 이에 해당하는 단어가 만들어졌는데, 현재 수백만 명에 달하는 일본인이 48개의 '치유 숲길'을 걸으며 '숲도르핀'을 충전하고 있다. 애호가들의 설명에 따르면 삼림욕은 자연에서 접하는 모든 걸 흡수하고 모든 감각을 자극하여 치유적인 측면을 강조한다는 점에서 하이킹과 다르다고 한다.

일본의과대학 칭리 교수는 삼림욕의 효능을 연구한 결과 삼림욕이 혈액의 코르티솔 농도를 낮추고 면역 체계를 강화한다고 밝혔다. 삼림욕은 육체적인 건강에만 좋은 영향을 미치는 게 아니다. 에섹스대학교에서는 적극적인 자연 활동이 기분에 어떤 영향을 미치는지 연구한 적이 있다. 영국에서 1200여 명을 조사한 10건의 서로 다른 연구 결과를 종합해보니 시골길 걷기, 요트 타기, 정원 가꾸기 같은 활동이 참가자들의 기분과 자존감에 긍정적인 영향을 주는 것으로 밝혀졌다. 이처럼 자연과 더불어 보내는 시간이 건강에 유익하다는 증거들은 점점 많아지고 있다.

그런가 하면 영국에서는 자국과 전 세계의 행복 지도를 만드는 '맵피니스 프로젝트Mappiness project'가 진행 중이다. 런던 정치경제대학교에서 시작한 연구의 일환으로, 지역 환경이 인간의 행복에 어떤 영향을 미치는지 파악하는 것이 이 프로젝트의 목적이다. 쾌적한 환경이 기분을 좋아지게 만든다는 정량적 증거가 있을까? 이 프로젝트는 개개인의 실시간 경험을 토대로 연구가 이루어진다. 연구원이 지원자에게 하루에 한 번 이상 연락해서 기분이 어떤지 묻고 기본적인 조건을 확인한다. 누구와 함께 있는지, 어디에 있는지, 무얼 하고 있는지 묻는다. 이미 6만 5000명의 참가자들에게서 350만건이 넘는 반응을 수집했다.

이 연구에 따르면 참가자들은 대체적으로 도시에 있을 때보다 온통 파릇파릇한 야외나 자연 속에 있을 때 훨씬 더 행복해하는 것으로 나타났다. 이는 자연과 행복의 상관관계를 입증하는 새로운 증거이자, 초록색 공간이나 자연 환경이 행복에 미치는 긍정적인 영향을 강조한 기존 학설을 더욱 공고하게 만드는 증거라고 할 수 있다.

한마디로 말해서 자연은 우리의 건강과 행복에 좋은 영향을 미친다. 게다가 삼림욕을 하면 머리를 비우고 정보가 감각을 통해 흡수되는 기분을 느낄 수 있다. 사실 내가 보기에는 삼림욕과 점점 인기를 더해 가는 마음 챙김 훈련은 공통점이 많은 듯하다.

HAPPINESS TIP

숲에서 계절의 첫날에 인사를 건네자

1년 동안 똑같은 자연 속 공간을 주기적으로 찾아가
매번 풍경이 어떻게 바뀌는지 눈여겨보자.

숲을 찾아가 탐험해보자. 어떻게 하면 인스타그램에 올릴 근사한 사진을 찍을 수 있을까 하는 고민은 접어두고 천천히 걸어보자. 나뭇잎에 부딪치는 바람 소리를 들어보고, 나뭇가지에 반사되는 햇살을 구경하고, 숨을 크게 들이마셔 어떤 냄새가 느껴지는지 알아보자. 한곳을 1년에 걸쳐 여러 번 찾아가 계절별로 어떻게 달라지는지 살펴보자. 봄, 여름, 가을, 겨울의 첫날에 인사를 건네자. 혼자 가도 좋고 여럿이 함께 가도 좋다.

마음 챙김이 행복지수를 높일까?

부탄의 일부 학교에서는 학생과 교사들 모두 잠깐 동안 조용히 '머리 비우기'라는 마음 챙김 명상을 함으로써 하루를 시작하고 마무리 짓는다.

불교에서 파생된 '마음 챙김'은 영원한 행복을 추구하려는 인간의 노력이 고통을 야기한다고 믿는다. 영원한 것은 아무것도 없기에 고통을 느낄 수밖에 없다는 것이다. 마음 챙김에서는 '여기 있음'을 중요하게 여긴다. 바로 여기, 바로 지금, 바로 이 순간과 자기 자신을 사랑하고 아끼는 것을 중요하게 여긴다. 우리의 생각은 늘 미래나 과거 속을 맴돌지만 마음 챙김에서의 관건은 현재다.

부탄 국민들은 국민총생산(GDP)보다 국민총행복(GNH)에 초점을 맞추기 때문에 나라 자체가 행복지수를 높이는 다양한 방법을 검증하는 실험실이나 다름없다. 부탄 교육부와 펜실베이니아대학교 연구진의 협업 아래 중등학교 학생들에게 학업과 관계없는 열 가지 삶의 기술을 가르치는 GNH 커리큘럼 역시 그런 노력의 일환이다. 그 삶의 기술 중 하나가 마음 챙김 명상이다.

8000여 명의 학생들이 참여한 이 실험에서 연구진은 각 학교를 15개월 동안 GNH 커리큘럼 교육을 받는 실험군과 플라시보 교육을 받는 대조군에 임의로 배정했다. 이를 통해 연구진에서 검증한 가설은 두 가지였다. 첫째, GNH 커리큘럼이 행복지수를 높이는가? 둘째, 행복지수가 향상되면 학업 성취도가 개선되는가? 연구 결과, GNH 커리큘럼이 학생들의 행복지수를 상당히 높이고 학업 성취도를 개선하는 것으로 밝혀졌다.

정신 건강에 대한 오해와 편견

정신 건강과 육체 건강의 상관관계에도 불구하고
정신 건강의 중요성은 여전히 간과되고 있다.

안타깝게도 정신 질환은 여전히 금기시되는 주제다. 어느 날 나는 한국에서 온 청년과 인터뷰하는 자리에서 절친한 친구가 마흔아홉 살 때 갑자기 세상을 떠난 것이 행복연구소를 차리게 된 계기 중 하나라는 얘기를 한 적이 있다. 우리 어머니도 같은 나이에 돌아가셨기 때문에 그것이 일종의 경종 역할을 했던 것 같다. 만약 내가 마흔아홉 살까지밖에 살지 못한다면 어떻게 살 것인가? 나는 곰곰이 생각했다. 별로 좋아하지도 않는 이 일을 계속할 것인가, 아니면 위험부담은 따르지만 정말 근사한 일을 시작할 것인가?

이때 그 청년이 자기 어머니도 마흔아홉 살에 돌아가셨다고 털어놓았다. 우울증으로 돌아가셨다고 말이다. 한국은 OECD 국가 중에서 자살률이 가장 높고 우울증 발병률도 높다. 우울증은 치료 가능한 질병이다. 그런데 안타깝게도 한국에서는, 수많은 나라가 그렇듯 정신 질환을 둘러싼 오해가 커서 치료를 받을 수 있는 기회가 부족하고, 그것이 때로는 참담한 결과로 이어지기도 한다.

항우울제 소비량을 보면 28개 OECD 국가 중에서 한국은 27위고, 덴마크는 7위다. 덴마크 국민들이 한국 국민들보다 우울증이 심하다는 뜻일까? 아니다. 덴마크에서는 치료가 이루어지고 있다는 뜻일 뿐이다. 약물 요법이 올바른 치료 방법인지는 논의의 여지가 있지만, 덴마크는 정부의 지원 아래 부담 없이 정신 질환을 치료받을 수 있고, 선뜻 치료를 받으러 나설 수 있을 만큼 정신 질환에 대한 편견이 상당 부분 해소되었다.

정신 질환을 둘러싼 오해와 맞서 싸우려면 좀 더 귀를 기울이고 좀 더 공부해야 한다. 착각과 편견을 종식시키고 은밀한 수군거림을 멈추어야 한다. 몇 년 전에는 다수의 덴마크 작가, 모델, 영화감독들이 전국으로 방송되는 텔레비전 시리즈에 출연해 그들이 겪고 있는 정신 질환에 대해 이야기한 적이 있었다. 얼마 전에 영국의 해리 왕자도 "신경쇠약증으로 무너질 뻔한 적이 여러 번 있었다"며 힘들 때 주변 사람들에게 도움을 청하자고, 정신 질환을 둘러싼 대화를 자연스럽게 받아들이자고 촉구했다. "나도 경험했지만, 솔직하게 고백하고 나면 나와 비슷한 사람이 한두 명이 아니라는 걸 알게 된다." 그는 2017년 4월, 일간지 《텔레그래프》에서 이렇게 얘기했다.

영국과 덴마크가 이코노미스트 인텔리전스 유닛이 측정한 정신통합지수에서 정신 질환을 둘러싼 오해를 줄이고 인식을 높인 국가 항목에서 1위와 3위를 기록한 이유는 모두 이런 조치 덕분이다. 이제는 다

른 질병처럼 정신 질환도 좀 더 떳떳하게 공개할 수 있는 시대가 되었다. 이쯤에서 한마디 덧붙이자면 우리 어머니도 우울증을 앓았다. 쉬쉬할 필요가 전혀 없는 얘기다.

그래도 한국에 희망이 있다면, 어머니를 우울증으로 잃은 그 청년은 현재 한국에서 우울증에 대한 인식을 높이고 공개하는 분위기를 조성하기 위해 설립한 스텔라 재단의 대표를 맡고 있다는 것이다. 그는 우리가 쓰고 있는 가면과의 싸움을 상징하는 세 개의 한국 가면이 든 액자를 내게 선물했다. 그 액자는 지금 작업실 책상 옆에 세워져 있다.

HAPPINESS TIP

정신 질환에 대해 대화의 물꼬를 트자

> 누군가에게 안부를 물을 때 그들의 대답에 진심으로 관심을 기울이자. 잘 지낸다고 하면 그런가 보다 하고 그냥 넘어가지 말자.

영국 정신건강재단에 따르면 영국 성인 중 거의 절반가량이 평생 한 번 이상 병으로 진단받을 만한 정신적인 문제를 경험하지만 실제로 진단을 받는 경우는 3분의 1에 불과하다. 그리고 성인 6명 가운데 1명이 매주 불안장애나 우울증 같은 정신적인 문제를 경험한다.

친구나 가족이나 직장 동료에게 진심을 담아서 실제로 어떻게 지내냐고 물어보자. 한두 단어로 된 답변을 듣고 그냥 넘어가지 말자. 예를 들면 "요즘 너를 보면 걱정돼. 왜 그러는지 얘기해볼래? 네가 힘들어하는 것 같아서 그래. 내가 어떤 식으로 도와주면 좋을까?" 아니면 "내가 다른 사람에게 관심이 많고 얘기를 잘 들어주는 성격이잖아. 나한테 하고 싶은 얘기 없어?"라고 대화를 시작해보자.

세계 각국의 건강을 증진하는 문화

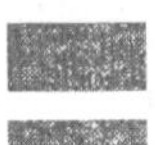

출퇴근 시간에 운동을 **코펜하겐**

코펜하겐에서는 자전거를 타고 출퇴근하거나 등하교를 하는 사람이 45퍼센트나 된다. 덕분에 덴마크 국민들은 헬스클럽에 가지 않아도 운동을 많이 할 수 있다.(141~144쪽 참조)

시클로비아 **콜롬비아 보고타**

일요일마다 100킬로미터가 넘는 도로를 통제해 걷기 좋고, 자전거 타기 좋고, 놀기 좋은 곳으로 바꾸어놓는다. 이런 혜택을 100만여 명이 누리고 있다.(150~151쪽 참조)

삼림욕 **일본**

자연의 풍경과 향기와 소리를 몸속으로 흡수해 정신적, 육체적 건강을 도모한다.(161~163쪽 참조)

머리 비우기 **부탄**

학생과 교사 모두 마음 챙김 명상으로 하루를 시작하고 마무리 짓는다. 이를 통해 행복지수와 학업 성취도를 높인다.(164~165쪽 참조)

정신 질환을 둘러싼 오해 없애기

영국

영국은 이코노미스트 인텔리전스 유닛이 측정한 정신통합지수에서 정신 질환을 둘러싼 오해를 줄이고 인식을 높인 국가 항목에서 1위를 차지했다. 영국은 최근 왕가의 주도 아래 우울증이나 불안장애에 대해 논의하는 비디오 제작에 참여할 유명인과 일반인을 선발하는 캠페인을 벌이는 등 정신 질환에 대한 편견을 없애기 위해 애쓰고 있다.(167쪽 참조)

경치가 좋은 길

미국

야후! 랩스 연구진은 현 위치에서 목적지까지 가장 유쾌하고 즐거운 길로 갈 수 있는 방법을 알려주는 알고리즘을 개발했다. 예를 들어 보스턴의 폴리비어 하우스에서 시의회 의사당에 가려면 차량이 줄줄이 늘어선 도로를 관통해야 한다. 하지만 여기에 2분만 더하면 좀 더 조용한 지역을 걸어가며 보스턴의 유명한 랜드마크를 감상할 수 있다.

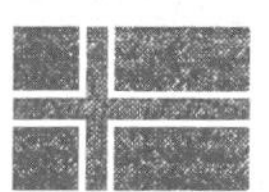

스포츠 캔디

아이슬란드 레이캬비크

아이슬란드는 대형 슈퍼마켓 체인의 협조 아래 텔레비전 프로그램《레이지타운》에서처럼 과일과 채소를 '스포츠 캔디'라고 부르자, 과일과 채소의 판매량이 22퍼센트 증가했다.

6장

진정한 행복은
자유로부터

자유

"여러분은 어떻게 살 건지 자유롭게 선택할 수 있다는 데 만족하는가, 그렇지 않은가?"

한 가지 분명한 것은 어떻게 살 건지 자유롭게 선택할 수 있다는 사실, 내가 내 운명의 주인이라는 느낌이 행복과 연관 있다는 것이다.

"자기 인생의 방향을 스스로 선택할 수 없다고 느끼는 사람은 진정 행복할 수 없다." 2012년 〈세계 행복 보고서〉는 이렇게 단언하며, 선택의 자유를 행복지수를 결정하는 여섯 가지 요소 가운데 하나로 지목했다.

덴마크에는 표현의 자유, 집회의 자유, 마음에 드는 사람과 결혼할 자유가 있다. 물론 상대방도 승낙해야 한다는 전제조건이 따르지만 말이다. 그렇지 않았다면 나와 레이첼 바이스는 어떻게 됐을지 모른다.

해마다 전 세계 국가들의 자유지수를 발표하는 〈인간 자유지수〉의 2015년 보고서에서 덴마크는 홍콩, 스위스, 핀란드에 이어 4위를 차지했다. 영국은 9위, 미국은 20위, 러시아는 111위, 중국은 132위, 사우디

"자기 인생의 방향을
스스로 선택할 수 없다고 느끼는 사람은
진정으로 행복할 수 없다."
2012년 〈세계 행복 보고서〉

아라비아는 141위, 그리고 맨 마지막으로 152위는 이란이었다.

이 보고서는 이동, 집회, 표현, 기타 등등의 자유 같은 고전적인 권리뿐만 아니라 종교단체의 자주성, 미디어 콘텐츠의 자유, 동성 관계의 처우, 이혼과 동등 상속권 같은 70여 개 지표를 기준으로 삼아 작성됐다. 그런데 〈인간 자유지수〉에서 간과한 결정적인 부분이 있다. 모든 인간에게 공평하게 주어지는 시간의 자유가 바로 그것이다. 우리에게는 매일 1440분, 매주 168시간이 주어진다. 그 시간을 어떻게 쓰는지 따져보면 자유의 수준이 서로 다르다는 것을 알 수 있다.

이 장에서는 여러분의 자유, 그러니까 시간을 쓰는 방식에 영향을 미치는 세 가지 영역에 대해 알아볼 것이다. 다시 말해 일터에서 보내는 시간, 가족과 함께 보내는 시간, 출퇴근에 할애하는 시간을 살피고 행복한 사람들에게 어떤 교훈을 배울 수 있는지 알아볼 것이다.

일과 삶의 균형

사이먼은 5년 전 덴마크에서 일자리 제안이 들어왔을 때 아내 케이트와 첫 아이와 함께 런던에서 코펜하겐으로 이사를 왔다. 이후로 이들 가족은 4명으로 늘었다. 사실 무작정 감행한 일이었다. 케이트는 아이를 키우느라 연봉이 많은 런던의 직장을 포기하고 코펜하겐에서 커뮤니케이션 관련 일자리를 찾고 있었다.

"우리는 지긋지긋했어요. 오랜 근무 시간도, 오랜 출퇴근 시간도, 주말에 쉴 짬이 나면 서로 조금 낯설게 느껴지는 것도."

덴마크에 사는 외국인들이 입을 모아서 하는 얘기가 있다. 바로 워라밸work-life balance이다. "이곳에서는 시간을 대하는 자세가 전혀 달라요. 날마다 온 가족이 함께 식사하는 걸 중요하게 여기죠. 우리가 계속 런던에 있었으면 돈은 더 많이 벌었을지 몰라도 시간은 훨씬 부족했을 거예요."

덴마크로 삶의 터전을 옮긴 수많은 외국인이 느끼는 가장 큰 변화가 워라밸이다. 이들은 덴마크의 사무실을 가리켜 오후 5시 이후의 영안실과 비슷하다고 표현한다. 누군가 주말에 일을 한다고 하면 덴마크 사람들은 비밀 프로젝트에 착수한 정신병자가 아닌지 의심스러워한다.

"영국과 덴마크의 직장 문화는 여가 시간을 당당하게 챙기는가 여부에서 큰 차이를 보여요. 가족이나 친구들과 함께 보내는 시간을 소중하게 여긴다는 점에서도요. 덴마크에서는 오후 4시나 5시면 퇴근을 해요. 아무런 이유를 댈 필요가 없어요. 풀타임으로 근무하는 나는 오후 5시쯤 퇴근해서 자전거를 타고 20분 뒤쯤 집에 도착해요. 사이먼이 애들을 데려다 놓고 저녁을 준비하고 있죠."

북유럽에서는 두 사람이 아이를 낳았으니 아이를 키우는 데도 똑같은 책임이 따른다고 생각한다. "남자 직원들이 오후 4시에는 회의를 할 수 없다고 해요. 아이를 데리러 가야 하기 때문이죠. 런던에서는 있을 수 없는 일이에요."

이런 분위기는 수치로도 증명할 수 있다. OECD에 따르면 덴마크는 일과 삶의 균형을 잘 갖춘 나라로 꼽힌다. 1인당 연평균 근무시간이 덴마크는 1457시간인 반면, 영국은 1674시간, 미국은 1790시간, OECD 평균은 1766시간이다. 또한 덴마크 회사는 융통성이 많다. 재택근무를 할 수도 있고 출근 시간을 스스로 선택할 수도 있다. 언제, 어디서 일을 하는가보다 데드라인을 지키는 걸 중요시 여긴다. 거기다 전 직원에게 최소 5주의 유급 휴가가 주어진다.

덴마크는 주 정부 차원에서 아이 1명당 52주의 유급 출산휴가를 주는데 이 기간은 배우자와 나눠서 쓸 수 있다. 보조금도 지원해주는데 액수는 연봉과 풀타임으로 근무하는지 여부 등 여러 가지 요소에 의해 결정된다. 직업이 없더라도 주 정부로부터 매달 1만 8000크로네(한화

워라밸 순위

1. 네덜란드	13. 헝가리	26. 영국
2. 덴마크	14. 에스토니아	27. 칠레
3. 프랑스	15. 이탈리아	28. 뉴질랜드
4. 스페인	16. 체코공화국	29. 브라질
5. 벨기에	17. 스위스	30. 미국
6. 노르웨이	18. 슬로바키아공화국	31. 오스트레일리아
7. 스웨덴	19. 슬로베니아	32. 남아프리카
8. 독일	20. 그리스	33. 아이슬란드
9. 러시아연방	21. 캐나다	34. 일본
10. 아일랜드	22. 오스트리아	35. 이스라엘
11. 룩셈부르크	23. 포르투갈	36. 한국
12. 핀란드	24. 폴란드	37. 멕시코
	25. 라트비아	38. 터키

출처: OECD, 〈더 나은 삶 지수〉

약 310만 원)를 받을 수 있다. 보육비 역시 아이 1명당 매달 300크로네(한화 약 5만 원)가 지원된다.

워라밸과 가족 친화적인 정책, 부모가 누리는 자유로움의 차이는 부모가 되는 데 따르는 행복의 '대가'를 살피면 극명해진다.

부모가 느끼는 행복의 격차

아이들이 엄청난 희열과 사랑의 원천인 건 분명하지만
그와 동시에 스트레스와 좌절과 걱정의 원천이기도 하다.

아이를 사랑하고 아이가 세상에서 가장 큰 선물이라고 믿는다고 해서 스트레스에서 완전히 벗어날 수 있는 건 아니다. 아이는 부모에게 목적의식을 부여하고 그 대가로 자유를 희생할 것을 요구한다. 그렇다면 아이들은 우리의 행복에 어떤 영향을 미칠까?

연구 결과를 보면 아이를 키우는 부모들은 대개 "글쎄, 주말 내내 무엇을 하면서 시간을 때우면 좋을지 모르겠어. 스타벅스에 가고, 드라마를 몰아서 보고, 술이나 마시고, 소설책을 뒤적이고, 쉬고, 헬스클럽이나 다녀올까 봐"라고 말하는 아이 없는 동년배에 비해 덜 행복하다. 이것이 부모가 느끼는 행복의 격차 또는 부모가 느끼는 행복의 불이익이라고 할 수 있다. 이런 생각은 '아이들은 부모에게서 어떤 식으로 행복을 앗아가는가' 또는 '연구 결과 아이가 생기면 전보다 불행해진다는 데' 같은 헤드라인을 만들어낸다. 부모가 느끼는 행복의 격차를 정리하자면 이렇다.

첫째, 아이가 생기면 행복의 한 측면, 예컨대 전반적인 삶의 만족도에 부정적인 영향을 미칠 수 있지만, 또 다른 측면에 긍정적인 영향을 미칠 수도 있다. 그러니까 목적의식이나 삶의 의미에 초점이 맞춰진 행복론적인 측면에 말이다.

둘째, 전통적으로 여성들이 아이를 양육하는 데 따르는 책임과 부담을 더 많이 짊어지기 때문에 아이가 여성의 행복에 미치는 영향은 남성의 행복에 미치는 영향과 다르다. 교수이자 《부모 노릇과 행복의 지형도》를 쓴 루카 스탠카에 따르면 여성들이 경험하는 양육에 따르는 불이익이 남성들에 비해 65퍼센트 더 크다고 한다.

셋째, 아이들은 몸집과 연령이 저마다 다르다. 지금은 몇 개월째 잠을 못 자게 만드는 한 살짜리 아이 때문에 괴로울지 몰라도 50년 뒤에 여러분이 요양원 신세를 지게 됐을 때는 그 아이 덕분에 기쁨을 느낄

삶의 만족도에 붙는 이자

출처: 루카 스탠카,
〈부모 노릇과 행복의 지형도:
아이가 생기면 행복해질까?
어떤 점에서, 그리고 어떤 이유로?〉,
2016년 〈세계 행복 보고서〉 로마 특별판

수도 있다. 편모나 편부의 경우, 아이가 삶의 만족도에 긍정적인 영향을 미친다는 연구 결과도 있다. '아이를 낳으면 행복도가 떨어진다'가 '연구 결과에 따르면 아이가 행복에 미치는 영향은 행복의 어떤 측면을 측정했는가에 따라, 평생 유동적이고 복잡한 인간관계에 따라 달라진다'보다 클릭을 유도하기에 더 훌륭한 미끼 아닌가.

그래도 어린아이를 키우는 부모가 아이 없는 동년배에 비해 전반적인 삶의 만족도가 낮은 이유가 무엇일까 하는 궁금증이 남는다. 우리가 파악한 바로는 어디에서 측정했는가에 따라 행복의 격차는 다르게 나타난다. 미국에서 아이를 키우는 부모는 아이 없는 동년배에 비해 삶의 만족도가 12퍼센트 낮다. 영국은 그 격차가 8퍼센트다. 덴마크는 3퍼센트다. 반면에 스웨덴과 노르웨이는 행복의 격차가 이보다 작은데, 아이를 키우는 부모가 아이 없는 동년배에 비해 삶의 만족도가 2퍼센트 더 높다. 북유럽 국가들은 가족 친화적인 순위 면에서 한결같이 높은 등수를 기록했다. 가족과 일의 균형 면에서는 스웨덴이 덴마크를 앞질렀다. 예를 들어 스웨덴 부모는 12세 이하 자녀의 병간호를 위해 1년에 60일 정도 휴가를 낼 수 있다.

텍사스대학교의 사회학과 교수 제니퍼 글래스 휘하의 연구진은 세계 각국의 부모들이 느끼는 행복의 격차와 부모들이 누리는 자유의 수준을 조사했다. 그들이 던진 질문 중에는 이런 것이 있었다. '양육비가 감당할 수 있는 수준인가?' '자녀가 아프면 휴가를 낼 수 있는가?' '유급 휴가가 주어지는가?' 한마디로, 일과 가정 사이의 균형을 맞추는 데 필요한 도구와 자유가 주어지는가 하는 질문이었다. 조사 결과에 따르면 가족 친화적인 정책에 따라 행복의 격차가 달라지는 것으로 밝혀졌다.

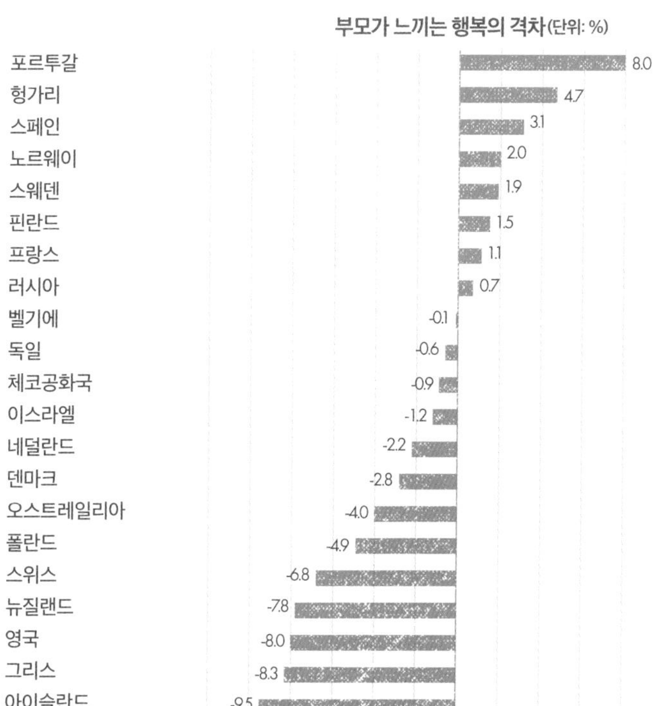

출처: 글래스, 사이먼, 앤더슨, 〈부모 노릇과 행복: 22개 OECD 국가에서 일과 가정 융합 정책이 미치는 영향〉, 2016년

최고의 프로그램을 갖춘 나라에서는 부모가 느끼는 행복의 불이익이 상쇄됐다. 또한 가장 행복한 부모는 포르투갈 부모인 것으로 밝혀졌다.

포르투갈에서는 조부모가 부모의 지원군 역할을 하며 손자를 양육하는 데 실질적인 도움을 준다. 2005년에서부터 6000명의 아동과 수천 명의 부모, 조부모를 추적 관찰 중인 광범위한 연구 결과에 따르면 포르투갈에서는 조부모가 가족의 일상에 중요한 역할을 하며, 손자를 양육하는 데 따르는 업무를 돕는다. 조부모가 숙제와 과외 활동을 챙기는 주 양육자라는 응답자가 무려 72퍼센트에 달했다. 2명이 아니라 6명의 어른이 적극적으로 아이를 등교시키고 숙제를 봐주고 끼니를 챙기고 스포츠 클럽 등 이런저런 클럽에 데려가고 그밖의 집안일을 하니 부모는 자유의 폭과 시간적인 여유가 늘어날 수밖에 없다. 그 결과 행복지수가 높아지는 건 당연하다.

제니퍼 글래스는 《뉴욕타임스》에서 조사 대상이었던 모든 국가의 맞벌이 가정 후원 정책이 미국보다 더 광범위하게 이뤄지고 있다고 지적했다. 영국의 코미디언이자 텔레비전 프로그램 〈래스트 위크 투나잇〉을 진행하는 존 올리버도 어머니의 날 특집에서 유급 출산휴가를 주지 않는 나라는 전 세계를 통틀어 미국과 파푸아뉴기니, 두 나라뿐이라며 미국이 어머니들을 진심으로 사랑한다면 기념일을 만들어 1년에 한 번씩 찬양할 게 아니라 일상적으로 도움을 줄 수 있는 정책을 마련해야 한다고 지적했다.

올리버는 미국에서 그런 정책이 만들어지기 전까지 어머니의 날을 통해 전해지는 메시지는 이런 것일 수밖에 없다고 말했다. "어머니, 우리의 모든 건 어머니 덕분이에요. 어머니가 우리를 낳으시고 기르시고 지금 같은 모습으로 만드셨으니까요. 그래서 오늘 이 어머니의 날에 우리가 세상 모든 어머니들에게 드릴 말씀은 이것 하나뿐입니다. 다시 가서 일들이나 하세요."

HAPPINESS TIP

제2의 할머니, 할아버지를 만들자

세대 차를 뛰어넘는 인간관계를 맺으면
모두에게 도움이 된다.

북유럽 국가의 가족 친화적인 정책과 포르투갈의 조부모 풍습을 합치면 완벽한 세상이 될지 모른다. 하지만 부모님이 이미 돌아가셨거나 멀리 살아서 아이들의 양육을 도와주지 못할 수도 있다. 그 빈자리를 메우기 위해 덴마크 몇 개 도시에서는 고령의 자원봉사자들이 특정 가족의 할머니, 할아버지가 되어주는 '제2의 할머니, 할아버지 제도'를 만들었다. 제2의 할머니는 아이들이 아프면 돌봐주고 온가족이 함께 축하하는 자리나 행사에 참석한다.

이와 비슷한 존재를 만들어보자. 도움을 받을 수 있고, 여러분과 다른 방식으로 아이를 키운 경험담을 들을 수 있고, 의지할 수 있는 너그러운 존재가 생기면 얼마나 든든하겠는가. 노년층의 외로움을 달랠 수 있다는 것 또한 긍정적인 측면이다.

C A S E S T U D Y

루이스와 톰 이야기

"작가라는 직업의 가장 큰 특권 중 하나는 전 세계 어디나 내 집이 될 수 있다는 것이다. 대학 교수라는 편안한 자리를 버리고 외국에서 새로운 인생을 시작하는 것은 엄청난 도전이었다."

"우리는 가끔 '안 될 것 없잖아?'라고 되묻는 내면의 속삭임을 듣고, '안디아모Andiamo(가자는 뜻의 이탈리아어 - 옮긴이)'라는 외침으로 일생일대의 가장 엄청난 결단을 내리는 경우가 있죠." 《투스카니의 태양》의 저자 프랜시스 메이스는 2016년 《가디언》에서 이렇게 얘기했다. 자전적인 이야기를 엮어서 출간한 책이 베스트셀러가 되고 이것이 다시 영화로 제작돼 수백만 세계인에게 꿈을 심어준 것을 두고 한 얘기다. 그 수백만 명 중에 루이스와 그녀의 남편 톰이 있었다.

루이스와 톰은 2~3년 전에 미국에서 이탈리아로 거처를 옮겼다. "우리 둘 다 해외에서 일자리를 찾고 있었는데 다행히 톰에게 기회가 왔어요."

루이스는 현재 프리랜서 기자로 일하고 있다. 우리는 전화로 이야기를 나누었다. 이들의 사연을 들었을 때, 그녀가 나에게 묻고 싶은 게

많았던 만큼 나도 그녀에게 묻고 싶은 게 많았다. 전화기 너머로 그녀가 미소를 지으며 이탈리아에서의 새로운 삶에 대해 이야기하고 있다는 걸 느낄 수 있었다.

이들은 토스카나의 주도이자 인구가 약 40만 명인 피렌체의 아르노 강변에서 살고 있다. 이곳의 삶은 뉴욕과 정반대다. 삶의 속도, 소리, 냄새, 색채, 모든 면에서 전혀 다르다. 산 로렌초 시장에서 토마토를 사면 세상에 있는 줄도 몰랐던 여러 가지 붉은 빛깔을 접할 수 있다. 루이스와 톰에게는 5개월 된 딸이 있다. 이들은 얼마 지나지 않아 이탈리아의 양육 태도가 미국과 다르다는 사실을 금세 깨달았다. 모르는 사람들이 딸의 발을 간질이고, 저녁 8시에 아이를 재운다고 하면 너무 이르다고 말한다. 이들이 해외에서 일자리를 찾은 이유는 바로 딸아이 때문이었다.

"우리가 미국에서 이탈리아로 건너온 가장 큰 이유는 미국에서는 아이를 기르는 데 어처구니없을 정도로 어마어마한 비용이 필요하기 때문이에요. 여기서는 그 일부분만 써도 충분해요."

물론 모든 게 할리우드 영화 같지는 않았다.

"당연히 미국에 있는 친구와 가족들이 보고 싶죠. 하지만 그 모든 걸 감안해도 여기 오길 잘했다고 생각해요. 가족들과 함께 보낼 수 있는 시간이 많아졌거든요."

어떻게 일하며 살 것인가

> "직업을 선택할 때는 앞으로 얼마를 벌 수 있을까가 아니라 그 일을 통해 얼마만큼의 만족감을 느낄 수 있을지를 기준으로 삼아야 한다."

볼프 비킹은 위와 같이 말한 적이 있다. 나는 5년 전쯤 아버지에게 회사를 그만둘 생각이라고 말했다. 그때까지는 싱크탱크의 국제사업부장으로 지속 가능성에 대해 집중적으로 연구하는 일을 하고 있었다. 보수도 넉넉하고 안정적인 직장 생활을 영위하고 있었다.

"그럼 대신 뭘 할 참이냐?" 아버지가 물었다. "행복을 연구하려고요. '행복연구소'라는 싱크탱크를 만들고 싶어요." 잠시 정적이 흘렀다. "근사한 아이디어 같은데?"

불황이 전 세계를 휩쓴 마당에 행복을 연구하는 싱크탱크를 차리겠다니 별로 현명한 선택은 아니라고 생각할 사람도 있을지 모르지만, 나는 아주 어렸을 적에 아버지에게 들은 말을 기억한다. 아버지는 직업을 선택할 때 앞으로 얼마를 벌 수 있을까가 아니라 그 일을 통해 얼마만큼 만족감을 느낄 수 있을지를 기준으로 삼으라고 하셨다.

"인생의 상당 부분을 일에 할애할 텐데 네가 즐길 수 있는 일이 되어야지."

처음 몇 해는 힘들었다. 돈도 없고 시간도 없었다. 그렇게 열심히 일하면서 그렇게 돈을 못 번 적이 없었다. 하지만 그렇게 재미있게 일을 한 적도 없었다. 그런데 그런 경험을 한 사람들이 나 말고도 여럿 있었다.

"그걸 일이라고 불러도 될지 모르겠어요. '창조'라면 모를까. 나는 뭔가를 만들어내거든요. 그런데 그건 내 일부예요. 내 아이덴티티의 일부죠. 그래서 진정한 행복을 느낄 수 있어요."

베로니카는 덴마크 패션업계에서 사회적 기업을 운영하는 사업가인 동시에 신적인 존재이자 환희의 횃불이다. 지난여름 그녀의 가족을 만났을 때 그들은 완벽한 알파카 모직을 찾느라 한 달 동안 페루에서 지내다 온 참이었다. 그로부터 1년 뒤 이야기를 나누었을 때는 완벽한 실크를 찾느라 한 달 동안 타이에서 지내다 온 참이었다. 이때 베로니카는 임신 5개월 차였다. 두 번의 여행에 공통점이 있다면 온 가족이 교도소, 그것도 여자 교도소를 다녀왔다는 거였다.

베로니카는 개발도상국의 여성 재소자들 대부분이 생계형 범죄로 형을 살고 있다는 얘기를 듣고 코펜하겐에 본사를 둔 '카르셀'이라는 패션 브랜드를 설립했다. 여성 재소자들에게 기술 훈련과 유급 일자리를 제공해 깨끗하게 새 출발할 수 있는 자금을 마련하고 궁극적으로는 가난과 범죄의 악순환을 끊을 수 있도록 돕는 사업이다. 제품은 교도소

안에서 생산되는데 만든 사람들의 이름이 적힌다. 이들은 이로 인해 받는 보수로 자립하고 아이들을 키울 수 있다.

맨땅에서 사업체를 일구는 건 힘든 일이었다. "나는 돈이 없지만 그래도 행복해요. 맞아요. 평범한 회사에서 근무하는 것보다 훨씬 많은 일을 하고 있죠. 그래도 세상 어떤 직업과도 절대 바꾸지 않을 거예요. 가장 큰 변화는 내 직업이 곧 나라는 거예요. 나는 엄마도 아니고 임원도 아니고 여자친구도 아니고 친구도 아니에요. 나는 항상 베로니카예요. 그래서 정말 행복해요."

베로니카만 그런 게 아니다. 〈세계 행복 보고서〉에 따르면 사업가가 회사원보다 수입, 근무 시간, 직업 안정성 등 여러 면에서 훨씬 열악하지만 적어도 OECD 국가에서는 회사원보다 전반적인 직업 만족도가 높다. OECD 국가에서는 사업가가 회사원보다 행복하지만 그보다 빈곤한 나라에서는 그렇지 않은 이유는 뭘까? 그 해답은 사업을 하기로 결심하는 이유를 따져보면 알 수 있다. 사업을 원해서 시작했는지 아니면 일자리가 없어서 시작했는지 말이다.

사업가들이 회사원들보다 더 많이 일하는 건 맞다. 그리고 금전적으로 빠듯해서 친구 집에서 소파 신세를 져야 하는 경우가 더 많이 생기는 것도 맞다. 하지만 그래도 더 행복하다. 적어도 연구 결과상으로는 그렇다. 사업가들은 직업 만족도뿐 아니라 삶의 만족도도 더 높다. 사업가들은 다른 사람들보다 낙천적이다. 잠이 잘 오는 애견 침대를 파는 회사를 차린 사람도 있지 않은가.

그런데 회사원에서 사업가로 직업을 바꾸면 삶의 만족도가 높아지는 이유가 뭘까? 사업가들은 목적의식과 추구하는 삶의 방향이 남들보다 뚜렷하다. 연구 결과에 따르면 사업가들은 자신이 자신의 상사가 됨으로써 주어지는 자유와 기회가 행복의 원천이다. 사업가들은 자유 시간이 부족하지만 자유는 충분하다. 열정을 추구할 수 있는 자유, 고객에게 싫다고 얘기할 수 있는 자유, 가족의 필요에 맞게 업무 스케줄을 조정할 수 있는 자유.

“언제 어디에 있을지 내가 정해요. 어린아이가 있으면 일에 집중하기 어렵죠. 하지만 사업을 하면 일상을 다르게 설계할 수 있어요. 아이들에게 필요한 것 위주로 설계할 수도 있죠.”

“어느 날 아침에 딸아이가 슬퍼 보이면 출근을 한 시간 미루고 책을 한 권 더 읽어줄 수도 있어요. 출근하라고 하는 상사가 없으니 가능한 일이죠. 그리고 딸아이와 이 모험을 함께하는 거예요. 이 모험이 그 아이의 이야기 중 일부분이 되는 거잖아요. 우리가 공통의 이야기를 함께 만들어 나가고 있는 것이죠."

사업가들이 누리는 자유를 원하는 사람은 많지만 그에 수반되는 위험부담을 원하는 사람은 없다. 그렇기 때문에 평범한 회사원으로서 직장에서 좀 더 자유를 누릴 수 있는 방법을 찾는 것도 의미 있는 작업이다.

시간을 현명하게 쓰는
다섯 가지 방법

음식은 많은 양을 한꺼번에 만든다

주말에 여러 끼 분량의 음식을 만들어놓고 냉동시켜놓았다가 나중에 먹는다.

자투리 시간을 활용한다

여기서 2분, 저기서 5분, 이런 식으로 기다리느라 흘려보내는 시간을 활용한다. 이런 자투리 시간을 어떻게 쓸지 미리 정해놓는다. 나는 이런 시간에 듀오링고 앱으로 스페인어 실력을 늘린다.

일석이조를 노린다

친구를 만날 건지 운동을 할 건지 고민하지 말고 두 가지를 한꺼번에 해결한다. 친구와 함께 달리기를 하거나 원반 던지기를 하거나 숲속에서 산악자전거를 타는 식으로 말이다.

돛대에 몸을 묶는다

《오디세이아》에서 오디세우스는 세이렌의 유혹에 넘어가지 않기 위해 자기 몸을 돛대에 묶어달라고 부탁한다. 우리에게도 페이스북 같은 시간 도둑을 피할 방책이 필요하다. 프리덤 같은 앱을 쓰면 인터넷 사용을 최대 여덟 시간까지 막을 수 있다.

파킨슨 법칙을 적용한다

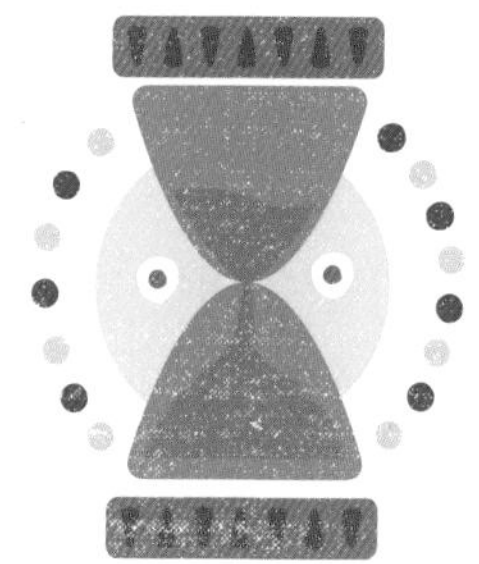

시간이 촉박하면 일의 효율이 올라간다. 배우자의 부모가 연락해서 15분 뒤에 잠깐 들르겠다고 하면 빛의 속도로 집을 치우게 되는 것처럼 말이다. 영국의 역사학자 겸 저술가인 시릴 노스코트 파킨슨에 따르면 "일은 주어진 시간이 소진될 때까지 늘어지게 마련이다." 언제 시작하고 언제 끝내야 할지 시간을 미리 정해 놓자.

자유로운 일터

회사에서 하루 종일 여러분 혼자 일한다고 상상해보자. 회의도 없다. 올바른 해결책을 찾는답시고 두 사람이 열심히 떠드는 걸 8명의 동료와 함께 회의실에서 듣고 있을 필요도 없다. 상사가 전화해 프로젝트의 진행 상황을 묻지도 않고, 제목에 '중요!'라고 적힌 이메일이 알림음과 함께 날아오지도 않는다. 그 정도로 자유로워지면 무엇을 할 수 있을지 상상해보자. 그날 얼마나 많은 일을 할 수 있을지 상상해보자.

회사에서 우리의 자유를 침해하는 훼방꾼은 대략 세 가지로 압축할 수 있다. 회의, 중간 관리자, 이메일. 오랜 시간 집중력을 할애해야 처리할 수 있는 일을 회의 사이에 틈틈이 해결해야 한다. 연쇄 창업가이자《원격 근무: 사무실이 필요 없는 세상》의 저자 제이슨 프라이드는 회의와 중간 관리자가 우리의 생산성을 갉아먹고 있다고 지적했다. 한마디로 요약하면 회의는 직원들끼리 모여서 어떤 일을 했거나 하는 중인지 얘기하는 자리이고, 중간 관리자는 직원들을 방해하는 일을 하는 사람이다. 둘 다 우리의 생산성을 말살한다.

프라이드는 해결책으로 캐주얼 복장을 하는 금요일 대신 '침묵의 목요일'을 도입해야 한다고 주장한다. 예를 들면 첫 번째 주나 맨 마지막 주 목요일 하루를 정해서 그날은 사무실에서 대화하는 것을 금지하는 것이다. 아무도 방해하지 않도록 전화와 회의도 전면 금지한다. 오직 침묵만을 고수한다. 그런 다음 맡은 업무를 처리한다.

행복연구소도 이를 실험해보았다. 다만 우리는 하루 종일, 심지어 오후만이라도 서로 대화를 나누지 않으면 일을 진행할 수 없는 조직이라 매일 '창조적인 시간대'를 도입하는 방식으로 변경했다. 두 시간 동안 그 어떤 방해도 없이 집중력을 100퍼센트 발휘해 업무를 처리하기로 말이다. 나중에 알고 보니 미국의 다국적 기업 인텔도 화요일 오전을 침묵의 시간으로 설정해 '방해 금지' 모드를 도입한 적이 있었다. 미국 2개 지사에서 300명의 엔지니어와 중간 관리자들이 화요일 오전에는 최대한 업무를 방해하지 않기로 합의한 것이다. 그 시간 동안에는 회의를 잡지 않고, 전화는 음성 사서함으로 넘어가게 하고, 이메일과 인스턴트 메시지를 끊었다. '생각할 시간'을 확보하고 그 효과를 측정했다. 7개월 뒤, 참가자의 71퍼센트가 다른 사업부로의 확대를 추천했다. 인텔은 "방해 금지 모드가 다양한 직종에 근무하는 수많은 직원들의 업무 효율과 삶의 질을 개선하는 데 이바지했다"는 결론을 내렸다. 내가 느끼기에도 아무런 방해가 없는 시간은 유익하고 생산적이다. 여러분의 직장에서도 시도해볼 만하다.

회의도 없고 방해 요소도 없다는 점에서 침묵의 목요일이나 고요한 화요일이 기본적으로 재택근무와 비슷하다고 느낄 수도 있다. 덴마크 기업들은 워낙 자율적이고 유연한 분위기이기 때문에 업무의 일부분을 재택근무로 돌릴 수 있다. 1973년부터 유럽위원회를 대신해 여론을 취합하는 유로바로미터의 설문 조사에서 덴마크 국민의 94퍼센트가 근무 환경에 만족한다고 답변한 이유는 바로 이 때문이기도 하다.

하지만 그보다 더 놀라운 사실이 있다. 여론 조사기관 유고브에 따르면 예컨대 17억 원짜리 복권에 당첨돼 돈을 벌 필요가 없더라도 일을 계속하겠다고 답변한 덴마크 국민의 비율이 58퍼센트라는 것이다. 일은 행복의 원천이 될 수 있다. 사실 그래야만 한다. 제대로 된 시스템을 갖춘 직장이라면 행복의 원천에 좀 더 가까워지는 계기를 제공할 수 있다. 아무런 방해가 없는 자유로운 시간을 직원들에게 부여할 수 있다. 거기에는 출근하지 않는 것이 포함될 수도 있다.

HAPPINESS TIP

'고요한 화요일' 캠페인을 실시하자

회사에서 유연하고 자율적인 분위기가 직원들의 만족도와 생산성을 높일 수 있다는 얘기를 꺼내본다. 고요한 화요일 오전 같은 제도를 도입해 매주 화요일 두세 시간씩 회의도 전화도 이메일도 차단해보자. 수요일마다 재택근무를 하면 어떻겠느냐고 제안할 수도 있다.

출퇴근 시간과 행복의 상관관계

책을 읽고 음악을 듣거나 그날 하루를 돌아보며 즐겁고 유익하게 출퇴근 시간을 보내는 경우도 있겠지만 대부분의 사람들에게 출퇴근길은 고역이다. 출퇴근 시간에 우리가 좌절감을 느끼는 이유는 버스나 자동차 안에 갇혀 전혀 통제할 수 없는 상황에 놓인 것처럼 느껴지기 때문이다.

자동차를 자유의 궁극적인 상징으로 간주하는 것은 철저하게 미국적인 발상이다. 전 세계 자동차 광고가 자연으로 둘러싸인 구불구불한 해안도로를 달리는 광경을 담고 있다. 주위에 다른 차량은 한 대도 보이지 않는다. 실제로 자동차를 타는 우리들은 출퇴근 지옥길에 발이 묶

여서 분노와 좌절의 클랙슨 교향곡을 배경으로 꿈틀꿈틀 움직이지만 말이다. 자유와 한참 거리가 먼 풍경이다. 자동차는 족쇄가 되었다. 차를 타면 행복에서 점점 멀어지는 기분이다.

여러 가지 일과에 점수를 매기도록 한 연구 결과에 따르면 출근 시간을 하루 중 최악의 시간으로 꼽는 사람이 많다. 노벨상을 수상한 심리학자 대니얼 카너먼은 응답자들에게 전날 몇 시에 무슨 일을 했고, 그때 누가 옆에 있었으며, 그 일을 하는 동안 어떤 기분을 느꼈는지 자세히 적도록 하는 일과 보고 방식의 연구를 실시했다. 그 결과, 909명의 미국 여성이 오전 출근 시간을 하루 중 최악의 시간으로 꼽았다. 그다음이 근무 시간이고, 그다음이 퇴근 시간이었다.

안타깝게도 우리는 인생의 상당 부분을 출퇴근에 할애한다. 물론 정도의 차이는 있다. OECD의 연구 결과에 따르면 남아프리카와 한국에서는 아일랜드와 덴마크보다 출퇴근하는 데 두 배 많은 시간이 소요된다. 가장 긴 시간이 소요되는 곳은 출퇴근에 평균 두 시간 정도 걸리는 방콕이다. 한 나라 안에서도 정도의 차이가 있다. 영국에서는 런던에서 근무하는 사람들의 평균 출퇴근 시간이 74분으로 가장 길다. 세 시간 이상 걸리는 사람도 거의 200만 명에 달한다.

일과 삶의 균형을 맞추고 하루 스물네 시간 안에 모든 것을 해결하기가 점점 힘들게 느껴지는 시대에 살고 있으니 출퇴근 거리가 늘어날 때마다 행복이 감소한다는 통계청의 발표는 일리가 있다. 출근하는 데 1~15분 걸리는 집단을 준거집단으로 삼으면 출근하는 데 이보다 시간이 많이 걸리는 집단은 덜 행복하고 재택근무를 하는 집단은(또는 회사와 집이 매우 가까운 집단은) 더 행복하다는 결론에 이른다.

출처: OECD, 〈삶의 질 보고서, 행복지수 측정하기: 출퇴근 시간〉, 2011년

불안감의 측면에서 봐도 양상은 마찬가지다. 재택근무를 하는 집단이 불안감을 가장 덜 느낀다. 흥미로운 사실이 있다면 출근하는 데 세 시간 이상 걸리는 집단과 1~15분 걸리는 집단이 느끼는 불안감은 비슷하다는 것이다. 세 시간을 넘기면 출퇴근의 부정적인 효과가 사라지는 이유는 아직 밝혀지지 않았다. 책을 읽거나 일하는 식으로 출퇴근 시간을 좀 더 알뜰하게 활용하기 때문일 수도 있고, 근무는 런던에서 하더라도 생활은 교외에서 함으로써 긍정적인 주거 환경 덕분에 출퇴근의 부정적인 효과가 상쇄되는 것일 수도 있다. 행복의 여러 가지 지표를 종합적으로 감안했을 때 출퇴근에 1시간~1시간 30분 걸리는 집단의 만족도가 가장 낮다.

제시카는 그런 집단의 일원이었다. 샌프란시스코의 광고 회사에 취직한 뒤로 그녀는 차를 몰고 90킬로미터의 거리를 다녔다. 러시아워에 걸리면 출퇴근하느라 날마다 네 시간씩을 길바닥에 버려야 했다. 그래도 연봉이 높아서 비싼 불임 치료비를 감당할 수 있으니 쉽게 포기할 수 없었다. 하지만 근무 시간도 긴데 출퇴근에 걸리는 시간까지 많으니 서른다섯 살의 나이로 감당하기가 쉽지 않았다. 그녀는 스트레스성 위장병에 걸렸고 우울증에 시달렸다. 운전하는 시간이 워낙 길어서 허리 신경이 눌리기도 했다. 9개월 뒤 그녀는 사직하고 프리랜서 디자이너 겸 사진작가로 독립했다. 보수는 줄었지만 집에서 일을 할 수 있었다. 2016년 7월, BBC에 사연이 소개됐을 때 그녀는 임신 6개월이었다.

세계 각국의 삶과 일의 균형

일과 삶의 균형 덴마크

덴마크는 일과 놀이의 균형이 가장 잘 맞는 나라 중 한 곳으로 꼽힌다. 주 평균 근무시간이 37시간이고, 근무 환경이 아주 유연해서 재택근무를 하거나 출근 시간을 스스로 선택할 수 있다.(178~181쪽 참조)

일괄적으로 지급되는 기본 소득 핀란드

핀란드에서는 2017년, 소득이나 자산이나 고용 상태와 관계없이 2000명에게 2년 동안 매달 560유로를 지급하는 실험을 시작했다. 핀란드 정부는 이를 통해 관료 조직의 효율성을 높이고 빈곤율을 낮추고 고용을 증진할 수 있길 기대하고 있다.

주 36시간의 근무 시간 스웨덴

스웨덴에서는 일부 공공기관과 민간 기업에서 근무 일수와 주수를 줄이는 실험을 진행 중이다. 그중 하나로 SEO(검색 엔진 최적화) 개발 업체인 브라트는 이렇게 밝혔다. "요즘 우리는 유사 업체가 여덟 시간 동안 처리하는 업무보다 많은 양을 여섯 시간 안에 끝낸다. 우리 같은 업종에서 필요한 고도의 창의력이 발휘된 덕분이다. 여덟 시간 동안 창의력과 생산성을 유지할 수 있는 사람은 없다. 여섯 시간이 좀 더 합리적이기는 하지만 당연히 우리도 가끔 페이스북이나 뉴스를 확인한다."

방랑보다 좋은 건 없다

헝가리 부다페스트

요즘 같은 시대에는 반드시 사무실에서 일할 필요가 없다. 날로 향상되는 디지털 연계성 덕분에 사무실에서 벗어나 발상의 전환을 꾀하고 해외에서 근무하는 프리랜서와 사업가들이 점점 늘어나고 있다. 디지털 유목민에게 가장 인기 있는 도시는 부다페스트, 방콕, 그리고 베를린이다. 헝가리 수도 한복판의 방 하나짜리 아파트는 월세가 약 500달러(한화 약 56만 원)이고, 카페에서 마시는 커피 한 잔 값은 1달러 25센트(한화 약 1130원)밖에 안된다.

직장 가까운 데서 살기 프로그램

미국 메릴랜드

미국 메릴랜드에서는 직장에서 반경 8킬로미터 이내에 새 집을 사서 이사하는 사람들에게 계약금이나 잔금을 최대 3000달러(한화 약 340만 원)까지 현금으로 지원하는 프로젝트를 운영 중이다. 이 프로그램의 혜택을 받은 사람들은 출퇴근 시간이 줄었고, 상당수가 이동 수단을 자동차에서 걷기로 바꾸었다.

퇴근 후에는 이메일 사절

독일

2011년 폭스바겐은 근무 시간이 끝난 뒤 직원들에게 이메일을 전송하는 블랙베리 서비스를 중단했다. 직원들은 전화 통화는 할 수 있지만 근무 시간이 끝난 30분 뒤부터는 이메일을 전송할 수 없다. 근무 시간이 시작된 30분 뒤부터 서버가 풀려 다시 이메일을 전송할 수 있다.

7장

우리가
함께 만들어가는
신뢰

행복의 여섯 가지 요소 가운데 하나, 신뢰

코펜하겐을 방문한 여행객들은 길거리를 뒤덮은 자전거의 숫자에 익숙해지고 나면 또 다른 풍경이 눈에 들어올 것이다. 야외 공공장소에 세워놓은 유모차에서 잠자고 있는 아이들 말이다. 엄마와 아빠들이 안에서 커피를 마시는 동안 꼬맹이들은 카페 밖에서 단잠을 잔다.

신뢰는 느껴지는 것이기도 하지만 베풀어지는 것이기도 하다. 예전에 나는 수리점에 맡긴 자전거를 찾으러 나섰다가 수리점에 도착하고 나서야 지갑을 집에 두고 왔다는 것을 알아챈 적이 있었다.

"걱정 마세요. 자전거는 가져가시고 수리비는 내일 주세요."

정비사는 이렇게 얘기했다. 자전거 정비사 덕분에 나는 기분이 좋아졌다. 물론 그 수리점을 계속 애용해야겠다는 충성심도 생겼다.

《포브스 매거진》에 기고한 〈덴마크의 행복한 생활, 어째서 그럴까?〉에서 에리카 안데르센은 덴마크가 행복 순위에서 항상 상위권을 차지하는 이유를 알아보려고 이 나라를 찾았을 때 이와 비슷한 경험을 했다고 소개했다. 그녀는 승마장에 가서 말을 빌리려고 했다. 승마장에서는 신용카드를 받지 않았다. 승마장 직원은 에리카에게 지금 말을 타고 나중에 현금을 들고 와서 계산하라고 했다. 그녀는 이 일을 겪은 이후에 덴마크 사람들이 행복한 이유는 사회 구성원 간의 신뢰도가 높기 때문이라는 결론을 내렸다.

일부 국가가 다른 국가에 비해 더 행복한 이유를 설명하는 여섯 가지 요소 가운데 하나가 바로 신뢰다. 2015년 〈세계 행복 보고서〉에 따르면 가족, 동료, 친구, 모르는 사람, 정부 같은 기관 등 구성원 간의 상호 신뢰도가 높은 사회는 성공한 사회다. 사회 구성원 간의 신뢰는 삶의 만족감을 유발한다.

덴마크는 회사 간에도 상호 신뢰도가 높다. 사소한 계약을 할 때마다 따로 계약서를 쓰지 않는다. 서로의 약속을 신뢰한다. 상사가 부하 직원을 세세한 부분까지 관리하지 않고 서로 합의한 시한까지 일을 끝낼 거라고 믿는다.

혼자 업무 능력을 과시하려고 기를 쓰기보다 프로젝트의 성공 여부는 협동과 팀워크에 달려 있다고 생각한다.

덴마크의 회사들이 협동심, 평등 정신과 신뢰로 무장한 것은 우연이 아니다. 나중에 자세히 얘기하겠지만 덴마크 학교에서는 사회성, 협동심, 공감 능력, 신뢰가 교과의 일부이고 어른이 되어서도 유지해야 하는 덕목으로 간주한다.

타인에게 높은 신뢰를 표현한 응답자 비율

덴마크	89%	오스트레일리아	64%	폴란드	47%
노르웨이	88%	스페인	62%	슬로바키아공화국	47%
핀란드	86%	오스트리아	62%	헝가리	47%
스웨덴	84%	독일	61%	한국	46%
네덜란드	80%	일본	61%	그리스	40%
스위스	74%	OECD 평균	59%	포르투갈	38%
에스토니아	72%	프랑스	56%	멕시코	26%
이스라엘	71%	아일랜드	56%	터키	24%
뉴질랜드	69%	체코공화국	56%	칠레	13%
영국	69%	슬로베니아	53%		
벨기에	69%	미국	49%		

출처: OECD 〈한눈으로 살핀 사회 - 사회 지표〉, 2011년

HAPPINESS TIP

동료들끼리 칭찬함으로써 서로 신뢰를 쌓는다

> 동료를 빛나게 한 직원, 다른 동료의 성과를 칭찬한 직원을 이 주의 직원으로 선정한다.

가장 일을 잘한 직원이 아니라 남을 칭찬한 직원에게 꽃다발을 안긴다. 예를 들어 외르겐이 일을 잘했고 시그리드가 상사에게 그가 얼마나 일을 잘했는지 얘기했다면 시그리드가 꽃다발의 주인공이다.

몇 년 전에 코펜하겐에서 이런 방식을 실험한 회사가 있었다. 그 회사는 병가 신청이 너무 많아서 골머리를 앓고 있었다. 불신의 분위기가 만연했고 직업 만족도가 낮았고 이직률이 높았다. 그래서 칭찬을 통해 근무 의욕을 유발하는 차원에서 이 주의 직원을 선정해 꽃다발을 수여했다. 이후로 병가 신청이 75퍼센트 감소했다.

잃어버린 지갑 실험

"당신은 대체로 사람을 잘 믿는 편인가 아니면,
사람을 대할 때 조심해서 나쁠 것 없다고 생각하는 편인가?"

수십 년 전부터 수많은 나라의 수많은 설문조사에서 신뢰도를 측정할 때 응답자들에게 던지는 일반적인 질문이다. 여러분이라면 뭐라고 대답하겠는가? 여러분은 사람을 잘 믿는 편인가? 길거리에서 돈이 들어 있는 지갑을 잃어버렸다면 찾을 수 있다고 생각하는가? 가끔 우리는 믿음에 인색할 때가 있다.

캐나다 종합 사회 설문 조사에 따르면 지갑을 잃어버렸을 때 현금이 고스란히 들어 있는 채로 찾을 수 있을 거라고 생각한 토론토 주민은 25퍼센트가 넘지 않았다. 그런데 실제 숫자를 파악하기 위해 20달러짜리 지폐를 넣고 토론토 곳곳에 지갑을 떨어뜨려보니 회수율이 80퍼센트에 달했다.

신뢰성 측정에 자주 이용되는 잃어버린 지갑 실험은 1996년《리더스 다이제스트》 유럽판에서 맨 처음 실시했다. 지갑에 현금과 이름과 주소를 적어 넣고 유럽 14개국 20개 도시와 미국 내 10여 개 도시에 떨어뜨렸다. 두 나라에서 모든 지갑이 현금이 고스란히 담긴 채 회수되었는데, 그 나라는 노르웨이와 덴마크였다.

《리더스 다이제스트》는 2013년에 같은 실험을 반복했다. 이번에는 12개의 지갑을 16개 도시에 떨어뜨렸다. 각각의 지갑에는 이름, 휴대전화번호, 가족사진, 쿠폰, 명함 그리고 50달러에 해당하는 현지 화폐가 들어 있었다. 몇 개의 지갑이 현금이 고스란히 들어 있는 채 회수되었을까? 16개 나라를 통틀어 50퍼센트가 회수됐을 거라고 짐작했다면 여러분의 짐작이 맞다. 192개 지갑 가운데 90개가 회수됐다.

리우에서는 73세의 델마가 지갑을 돌려주었다. 그녀는 10대 때 가게에서 잡지를 몰래 들고 왔다가 어머니에게 들켜서 호되게 혼난 기억이 있다고 했다. 그때 받은 교육을 잊지 않고 있었던 것이다. 런던에서 지갑을 돌려준 5명 중 1명인 우르술라는 30대 중반의 폴란드 출신이다. "돈 많은 사람이 떨어뜨린 건지 아닌지 알 수 없잖아요. 온 가족을 먹여살려야 하는 아이 엄마가 마지막 남은 전 재산을 잃어버린 것일 수도 있고요." 류블랴나에서는 21세의 학생 망카가 지갑을 돌려주었다. "예전에 핸드백을 통째로 잃어버린 적이 있는데, 고스란히 되찾았어요. 그래서 그럴 때 기분이 어떤지 알아요."

우르술라와 망카는 누가 봐도 공감능력이 뛰어났다. 이들은 지갑을 잃어버린 사람의 입장을 헤아렸다. 나는 공감능력과 협동심과 신뢰가 서로 연관성이 있다고 생각한다. 공감능력이 뛰어난 사람은 경쟁보다 협동의 성향이 강하고, 협동하면 서로 신뢰하게 될 가능성이 크다.

공감을 선택하면 모두 다 더 잘 살 수 있는 이유가 바로 이 때문이다. 이것이 신뢰로 전환되면 우리 모두 더 잘 살 수 있을 것이다. 경쟁이 아니라 협동의 가치를 이해하고 공감, 협동, 신뢰를 바탕으로 건설된 사회라면 우리 모두 더 행복해질 수 있을 것이다.

그러니까 지금부터 약속을 지킴으로써, 누군가가 털어놓은 비밀을 지킴으로써 믿을 수 있는 사람이 되어보자. 그 자리에 없는 사람에게 의리를 지키면, 그 자리에 있는 사람을 향한 의리가 입증된다. 믿을 수 있는 사람이 되는 것은 내 삶의 관점에서, 내가 아끼는 사람들의 삶의 관점에서 소중한 자산이다. 이를 말로 가장 잘 표현한 사람이 작가 마크 트웨인이다. "진실을 얘기하면 뭐든 외울 필요가 없다."

이렇게 쉽고 편안하고 행복하게 살 수 있다. 그뿐 아니라 공감능력을 기르면 경제적으로도 도움이 된다. 2015년《미국 공중보건저널》에 실린 〈조기 사회 정서적 기능과 공중보건: 유치원 시절의 사회적 능력과 향후 건강의 관계〉에서는 수백 명의 아이들을 유치원 시절부터 거의 20년 동안 추적 관찰한 자료를 분석했다. 이를 통해 유치원에 다닐 때 아이들이 보인 사회적, 감정적 능력과 어른이 되었을 때의 삶이 교육, 취직, 약물 복용, 정신 건강, 범죄 면에서 통계학적으로 매우 유의미한 상관관계가 있는 것으로 밝혀졌다.

공감과 협동심으로 행복을 키우다

루이세는 덴마크의 여느 교사처럼 학업적인 성과 못지않게 아이들의 전반적인 삶의 질과 사회, 정서 발달에 관심이 많다. 요즘 아이들 사이에서 가장 인기 있는 수업은 1주일에 한 번씩 교사와 아이들이 서로 다른 주제를 놓고 토론을 벌이는 '클래스 타임'이다. 이날이 되면 아이들이 케이크나 간식을 들고 와서 친구들과 나누어 먹는다. 토론 주제는 이런 식이다. 지난주에 친구를 괴롭히는 아이가 있었나? 돈이 충분히 모였는데 어떤 보드 게임을 사는 게 좋을까? 따돌림당하는 기분을 느끼는 친구가 있나?

덴마크의 교육 제도는 공감능력 교육을 우선시하고 있다. 아이들은 대개 모둠으로 활동한다. 이를 통해 사회적 능력과 협동의 중요성을 배울 수 있다.

"우리는 학업, 사회, 정서적인 측면에서 아이의 일관성 있는 발달을 추구합니다. 수학과 과학도 중요하지만 공감능력도, 좋은 친구가 되는 법을 배우는 것도, 남들과 협동하는 법을 알아 나가는 것도 중요하거든요." 루이세는 이렇게 설명했다.

"아이들에게 각기 다른 표정이 담긴 사진을 보여주고 사람들이 느끼는 다양한 감정과 그런 감정을 느끼는 이유에 대해 대화를 나눠요. 이야기책을 활용하기 좋은 교육이죠. 훌륭한 이야기는 아이들이 등장인물의 머릿속으로 들어가볼 수 있도록, 다른 사람의 입장이 되어볼 수 있도록 해주거든요. 좋은 책은 아이들의 공감능력을 길러줍니다."

뉴욕의 뉴스쿨대학교에서 실시한 연구 결과는 루이세의 생각을 뒷받침한다. 1000여 명의 참가자를 대상으로 5건의 실험을 벌인 결과 소설을 읽는 것이 타인의 감정을 파악하고 이해하는 능력을 개발하는 데 도움이 되는 것으로 밝혀졌다. 아무 소설이나 그런 건 아니다. 연구진은 '대중문학'(저자가 독자의 손을 잡고 이끄는 작품)과 '순문학'(독자 스스로 길을 찾고 빈틈을 메워야 하는 작품) 사이에 선을 그었다. 소설을 읽을 때는 등장인물이 왜 그런 식으로 행동하는지 설명을 듣기보다 스스로 알아내야 한다. 그래야 책이 사회적 경험의 자극제가 아니라 사회적 경험 그 자체가 될 수 있다.

뿐만 아니라 공감능력을 가르치면 학교 내 괴롭힘이 줄어든다 〈사회적 성장을 위한 기술: 사회, 정서 능력의 힘〉이라는 OECD 보고서에 따르면 2015년 11~15세 남학생들에게 괴롭힘을 당한 경험이 있느냐고 물었을 때 덴마크에서는 6퍼센트가 그렇다고 대답했다. 영국은 이보다 50퍼센트 더 많았고(9퍼센트), 미국은 거의 두 배(11퍼센트), 오스트리아는 최고 수치(21퍼센트), 스웨덴은 최저 수치(4퍼센트)를 기록했다.

다행히 덴마크에서만 학교에서 공감능력을 가르치는 건 아니다. 최근 미국에서는 6학년 학생들이 대선 이후 정치적인 분열을 극복하는

법을 배우고 있다고 한다. 진보적인 성향의 사립학교이자 미국에서 가장 혁신적인 학교로 꼽히는 밀레니엄 스쿨에선 2016년 11월 9일 트럼프 지지자들의 연설 장면을 보여주자 학생들은 믿기지 않아 하며 큰 소리를 내면서 괴로워했다. 하지만 무음으로 다시 보여주자 학생들은 지지자들의 표정에서 드러나는 공포와 분노와 슬픔을 감지하고 그들에게 공감했다. 이는 유권자들의 선택을 이해하는 색다른 계기가 되었다.

덴마크의 교육 제도는 절대 완벽하지 않지만 배울 만한 점이 몇 가지 있다. 그중 하나가 공감능력과 협동심에 주안점을 둔다는 것이다. 그만큼 주목할 만한 것이 또 하나 있다. 바로 성공이 꼭 제로섬 게임일 필요는 없다고 교육하는 것이다. 누군가가 이겼다고 해서 다른 누군가가 꼭 져야 하는 건 아니다. 학생들의 서열을 매기는 교육 제도는 성공이 제로섬 게임이라고 가르친다. 내가 잘하면 누군가는 기회를 빼앗긴다. 하지만 행복은 그런 식이어서는 안 된다. 나누어도 작아지지 않는 게 행복이다. 덴마크에서는 학생들의 서열을 매기지 않는다. 아이들은

8학년이 되어서야 제대로 된 성적표를 받는다. 그때까지는 성적표 대신 해마다 아이의 학습적, 사회적, 정서적 발달을 주제로 교사와 부모가 대화를 나눈다.

덴마크의 교육 제도가 삶의 기술에 주안점을 두고 있지만, 그렇다고 해서 덴마크 아이들이 학업적인 측면에서 뒤처지는 건 아니다. 70여 개국 어린이들의 학업 성취도를 측정하는 PISA의 최근 검사 자료(2015년)를 보면, 덴마크 학생들은 수학에서 511점을 기록한 반면 영국은 492점, 미국은 470점이었다. 읽기는 덴마크는 500점, 영국은 498점, 미국은 497점이었다. 학업적인 측면을 포기해야 팀워크, 사회적 기술, 협동심, 공감능력, 신뢰를 가르칠 수 있는 건 아니다.

어쩌면 각 기업에서는 직원들에게 신뢰가 회사의 발전에 도움이 된다는 사실을 가르쳐야 할지도 모른다.

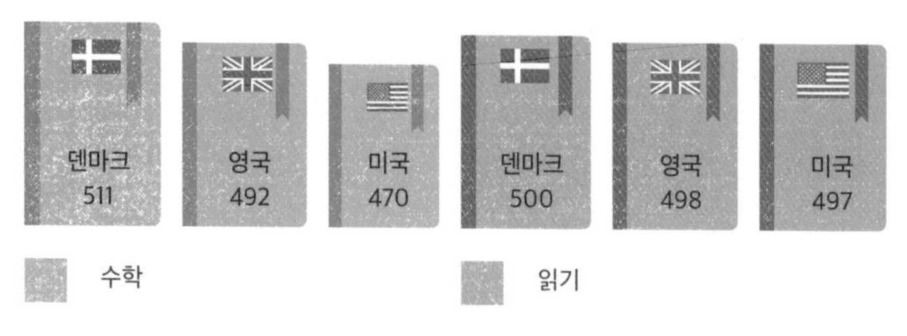

출처: PISA(국제학생평가프로그램) 검사, 2015년

신뢰에는 돈이 들지 않는다

신뢰 없는 조직에서 근무하는 사람들은 일이라고 하면 통제, 감시, 확인, 관료주의 같은 단어 아니면 원칙과 규정을 떠올린다.

"집에 들어서는 순간과 나서는 순간 그 시각을 휴대용 컴퓨터에 입력하게 되어 있어요. 그래야 그 집에 얼마 동안 있었는지 정확하게 파악할 수 있거든요." 공공기관에서 노인 요양사로 근무하는 피아는 코펜하겐에서 시도하는 근무 환경의 변화가 그녀의 업무에 어떤 영향을 미쳤는지 설명했다.

예전에는 정해진 스케줄에 따라 노인의 집을 방문했고, 여러 가지 업무마다 할당된 시간이 있었다. 안약 넣기(5분), 화장실 수발 들기(10분), 앉아서 식사할 수 있도록 돕기(10분). 이런 식으로 세분화된 업무가 일흔 가지에 이르렀다. 시간은 가차 없이 흘러갔다.

"일하다 말고 휴대용 컴퓨터에 각각의 업무를 처리하는 데 걸린 시간을 입력하면서 신경 써야 했죠."

2011년 코펜하겐 시는 신뢰를 기반으로 한 제도의 성과를 이른바 '시간의 폭군'과 비교하는 시범 프로젝트를 운영했다. 무슨 일을 했는지 입력하느라 허비했던 시간을 노인들을 돌보는 데 할애하게 했다. 무슨 일을 얼마 동안 해야 하는지 지시받기보다는 담당한 노인과 의논해 스스로 알아서 할 수 있게 한 것이다.

"우리가 직원을 통제하면 안 돼요. 방문했을 때 어떤 조치가 필요한지 아는 사람은 돌봄을 맡은 담당자이니까요." 닌나 톰센 시장은 이렇게 얘기했다.

시범 프로젝트는 엄청난 성공을 거두었다. 비용은 증가하지 않고 직원들의 만족도는 하늘로 치솟았다. 이 정책은 모든 지역의 돌봄 기관으로 확산됐고, 코펜하겐 공공 부문의 신뢰 개혁으로 이어졌다. 코펜하겐 시는 규정과 관료주의와 보고의 의무에서 벗어나 시민들에게 최선이 무엇인지, 각 직원이 전달할 수 있는 가치를 어떤 식으로 극대화할 수 있을지 자문한다. 관리자와 직원들은 절차와 관찰과 보고서가 아니라 시민들의 반응을 근거로 평가를 받는다.

"이제는 어르신들에게 뭐가 필요한지 우리 스스로 정할 수 있다는 믿음이 있어요." 직업 만족도가 훨씬 커진 피아는 이렇게 얘기했다. 그녀만 그렇게 생각하는 게 아니다. 직원들의 만족도가 전반적으로 향상되고 병가 신청이 줄었다. "예전에는 위에서 정해준 일을 하고 달려 나와야 했거든요. 이제는 고객 서비스에 집중하고 다른 필요한 부분이 있으면 더 돌봐드릴 수 있어요. 그리고 전보다 자유로워요."

HAPPINESS TIP

경쟁을 협동으로 바꾸자

규칙과 목표를 재설정해 경쟁 구도를 협동 구도로 바꾼다.

의자 뺏기 게임을 모르는 사람은 없을 것이다. 아이는 10명, 의자는 9개, 음악이 흐르다 멈추면 의자를 하나 차지하기. 의자를 차지하지 못하면 탈락된다. 매 라운드마다 의자가 하나씩 치워지고 결국에는 2명과 의자 하나만 남는다. 그러니까 가벼운 버전의 '헝거 게임'이라고 보면 된다. 이 게임은 아이들에게 부족한 자원을 두고 싸우는 법을 가르친다. 초반에 탈락하면 게임에 참여하는 대신 멀찌감치 서서 구경해야 한다. 이걸 협동심을 기르는 게임으로 바꿔보면 어떨까?

10명의 아이들과 9개의 의자로 시작하는 건 같지만 음악이 멈추면 전부 의자에 앉는다. 두 아이가 한 의자에 같이 앉으면 된다. 의자를 하나 치워도 아이들은 전부 그대로 남는다. 음악이 멈추면 이번에는 4명의 아이가 2명씩 의자에 앉아야 한다. 이런 식으로 아이들에게 경쟁하는 법이 아니라 협동하는 법을 가르칠 수 있다.

아이들의 공감능력을 기르는 다섯 가지 방법

1. **걸으면서 이야기 만들기**: 같이 산책을 나가서 회색 재킷을 입은 사람(꼭 이런 사람이 아니어도 된다)을 찾기로 한다. 그런 사람이 보이면 그들의 생김새를 바탕으로 그들의 삶을 같이 상상해본다.
2. **그림 그리기**: 종이에 기쁨, 분노, 슬픔 등 다양한 표정이 담긴 얼굴을 그리고 그 사람이 그런 기분을 느끼는 이유를 그려본다.
3. **놀이**: 감정을 하나 선택해 그림을 그리거나 적어서 냉장고에 붙인다. 그런 다음 아이에게 1주일 동안 그 감정을 느끼거나 다른 사람이 그 감정을 느끼는 것 같으면 말하게 한다.
4. **몸짓 놀이**: 거울 앞에 선다. 맨 처음에는 팔을 뒤로 뻗은 채 얘기하고, 그런 다음 팔을 써서 여러분이 하고 있는 얘기를 표현하는 몸짓을 곁들인다. 한 사람은 얘기를 하고 다른 사람은 거기에 걸맞은 몸짓을 하는 식으로 둘이서 같이 할 수도 있다.
5. **음 소거**: 아이가 좋아하는 영화를 보여주되 음을 소거한다. 등장인물들의 표정을 보면서 거기에 어떤 뜻이 담겨 있는지, 그들이 왜 그런 기분일지 대화를 나눠본다.

한국은 미모와 지성의 무한 경쟁 사회

신뢰와 협동의 의미를 완벽하게 이해하려면 경쟁이 심하기로 손꼽히는 나라를 둘러보아야 한다. 나는 지금 전 세계 성형외과의 수도라고 불리는 서울 강남구에 있다. 500개가 넘는 병원이 몰려 있어서 외모 개조 지구 또는 뷰티 벨트라고 불리기도 하는 곳이다. 내가 찾은 병원은 17층짜리 건물에 있다. 입구 바로 앞에 주차되어 있는 빨간색 페라리가 눈에 띈다.

"어떻게 오셨어요?" 완벽한 미모를 자랑하는 접수 담당 직원이 내게 묻는다. "귀, 귀 때문에요." 나는 더듬더듬 얘기를 꺼낸다. "꼭 누가 한입 떼어먹은 것처럼 생겨서 고치고 싶은데요."

앞부분은 사실이다. 뒷부분은 아니다. 나는 내 귀에 만족한다. 덕분에 고등학교 때 이밴더 홀리필드(미국의 권투 선수로 시합 도중에 마이크 타이슨에게 귀를 물렸다-옮긴이)라는 별명으로 불렸다. 팔꿈치를 덧댄 트위드 재킷과 안경을 애용하는 내가 머릿속에 간직하는 악동 이미지와 그나마 가까웠던 게 그 별명이었다. 내가 이 병원을 찾은 진짜 이유는 이

른바 미모 무한 경쟁의 실태를 파악하기 위해서였다.

국제미용성형수술협회의 통계에 따르면 한국에선 5명 중 1명 꼴로 주사를 맞거나 몸에 칼을 댄다고 하니 1인당 비율로 따지면 전 세계에서 가장 높다. 한국은 1000명당 20건의 수술이 이루어지는 반면 미국은 13건이다. 영국은 통계에 포함되지 않았지만 영국미용성형수술협회의 자료에 따르면 2015년에 5만 1140건의 수술이 이루어졌다고 하니, 1000명당 약 0.8건인 셈이다. 한국에서는 여성 인구의 20퍼센트가 평생 한 번 이상 성형수술을 받는다는 이야기가 있는가 하면, 서울에 거주하는 30세 이하 여성 중 무려 50퍼센트가 성형수술을 받는다는 이야기도 있다. 정확한 수치가 어떻든 간에 똑같은 궁금증이 남는다. 왜 그렇게 수치가 높은 걸까?

첫째, 서울에서는 성형수술 비용이 미국의 3분의 1밖에 안되기 때문에 통계 수치의 일부분은 해외 원정객의 몫이다. 고객들이 붕대를 감은 채로 왔다 갔다 할 필요가 없도록 호텔을 제공하는 패키지 상품도 있다. 실제로 내가 찾은 병원의 로비에는 여행 가방이 그득했다. 둘째, 한국에서는 쌍꺼풀 수술이 워낙 인기인데, 15분이면 간단하게 끝난다(노무현 전 대통령도 2005년 임기 중에 이 수술을 받았다). 셋째, 남자들도 성형 대열에 대거 동참해 고객의 15~20퍼센트가 남성이다.

서울에서 지하철을 타면 '너만 빼고 다 했다'는 성형수술 광고가 승객을 맞이한다. 이로써 네 번째 이유가 생긴다. 앞에서도 언급한 한국 속담을 기억하는가. "사촌이 땅을 사면 배가 아프다." 경쟁 의식이 미용과 교육 분야까지 번졌다.

"한국 사회는 경쟁이 엄청 치열해요." 연호가 내게 말한다. 연호와 나는 지금까지 두어 번 만난 사이다. 한국인인 그는 덴마크가 세계에서 가장 행복한 나라가 된 이유는 무엇인지, 거기서 배울 점은 없는지에 관한 책을 쓰려고 준비하면서 자료 조사차 코펜하겐의 행복연구소로 찾아와 인연을 맺게 되었다(오마이뉴스 대표 기자로 저서로는 《우리도 행복할 수 있을까》가 있다-옮긴이). 이번에는 서울 도심 한복판에서 만났는데, 수천 명의 시민들이 비리에 연루된 박근혜 대통령의 탄핵을 촉구하고 있었다. 여담이지만 결국 탄핵안이 통과돼 그녀는 대통령직에서 물러났다.

"한국 학생들에게는 경쟁에서 잠시 벗어날 여유가 필요해요. 제가 덴마크의 '에프터스콜레afterskole'(초등, 중등 교육을 마친 뒤 고등학교로 진학하기 전에 1~2년 동안 학업에 대한 부담 없이 자신의 적성과 재능에 맞는 진도를 탐색하는 기숙형 학교–옮긴이)를 시작한 이유가 바로 그 때문이에요."

나는 지금까지 한국 학생들만큼 열심히 공부하는 학생을 본 적이 없다. 내가 인터뷰했던 학생은 오전 8시부터 오후 4시까지 학교에서 수업을 받고 집에 가서 저녁을 먹는다. 그런 다음 오후 6시부터 9시까지 과외를 받거나 학원에 간다. 한국 학생 중 4분의 3 정도가 이 같은 '2차 수업'을 받는다. 학원과 개인 과외는 거대한 산업으로, 학업의 무한 경쟁을 부추긴다. 한국에서는 명문으로 꼽히는 3개 대학(서울대학교, 고려대학교, 연세대학교로 SKY라고도 불린다)을 졸업해야 좋은 회사에 들어갈 수 있다고 믿기 때문이다.

분위기가 이렇다 보니 대학 입학 시험은 국가적으로 엄청난 행사이다. 시험 날짜가 되면 모든 게 시험 위주로 움직인다. 수험생들이 교통 체증 때문에 지각하는 일이 없도록 주식시장은 한 시간 늦게 문을 열고, 회사들은 출근 시각을 조정한다. 한국통계청에 따르면 15~19세 청소년의 절반 이상이 '성적과 대입' 때문에 자살 충동을 느낀다고 한다. 경쟁이 너무 치열해지자 2008년에는 밤 10시 이후 학원이나 개인 과외 수업을 받을 수 없도록 정부에서 금지령을 내렸다. 규정 위반자를 고발하는 시민에게는 포상금이 주어졌다. 순찰차가 학원가를 돌면서 불시 단속을 벌이기도 한다. "꼼짝 마. 경찰 불시 단속이다. 책을 내려놓아라!"

이러니 학생들에게 숨 돌릴 짬을 주고 싶다는 연호의 발상에 동의

하지 않을 수 없다. 그는 학생들이 학교를 통해 자기 삶에 책임을 지는 조그만 사회를 체험할 수 있길 바란다. 공동체 의식과 행복을 경험하고 시험공부가 아닌 다른 데 집중할 수 있길 바란다. 경쟁심이 아니라 협동심을 기를 수 있길 바란다.

"그래서 저는 학생들에게 얘기해요. 뜻한 대로 되지 않더라도 그 과정에서 많은 걸 배울 수 있으니 실패가 아니라고요. 자기 자신과 동행함으로써, 남과 동행함으로써, 행복해짐으로써 많은 걸 배울 수 있을 테니까요."

호랑이 엄마 밑에서 자랐는가,
코끼리 엄마 밑에서 자랐는가

모두가 덴마크의 교육 제도나 덴마크의 양육 방식에 찬성하는 것은 아니다. 2011년에는 덴마크 양육 방식의 대척점에 해당하는 《타이거 마더》라는 책이 출간되었다.

뛰어난 성적을 내도록 압박하고, 파자마 파티 같은 사회 활동을 전면 금지하고(그러니까 기본적으로 재미를 차단하며), 아이가 부모의 기대에 못 미치면 벌을 줘야 한다는 것이 이 책의 내용이다.

텍사스대학교 인간 개발 및 가정과학과의 김수영 부교수는 2013년 논문을 통해 호랑이 엄마의 교육 효과를 조명한 바 있다. 김수영 교수에 따르면 호랑이 엄마 밑에서 자란 아이들은 힘이 되어주거나 느긋한 부모 밑에서 자란 아이들보다 성적이 나쁘고 우울감이 심하며 부모와의 거리감이 큰 것으로 밝혀졌다.

《타이거 마더》가 출간되고 몇 년 지났을 때 호랑이 엄마의 시초이자 저자인 추아와 그녀의 남편은 《가디언》과의 인터뷰에서 미국에서 일부 문화 집단이 다른 문화 집단들보다 우수한 성과를 거두는 이유가 뭐라고 생각하느냐는 질문을 받았다. 추아는 "상당히 물질적인 관점에서 바라본 성공일 뿐 이게 전부라고 보지는 않는다. 그것이 곧 행복을 의미하지는 않으니까"라고 대답했다. 그녀의 남편도 사람들이 느끼는 압박감에 대해 우려를 표명했다.

세상에는 완벽한 부모도 완벽한 아이도 없듯, 완벽한 양육 방식도 없다. 저마다 최선을 다할 따름이다. 코끼리 엄마와 아빠의 장점에 대해 한번 생각해보자. 아이들을 보듬고 응원하며, 아이가 그 사랑을 통해 행복으로 향하는 자신만의 길을 찾아 나서는 힘이 생긴다고 믿는 부모의 장점에 대해 말이다.

나는 다행히 코끼리 부모 밑에서 자랐다. 행복을 느낄 수 있는 일을 하라는 부모님의 응원이 없었다면, 어떤 삶을 살든 부모님이 나를 사랑해주실 거라는 확신이 없었다면 내가 과연 지금 하고 있는 일을 용감하게 시작할 수 있었을까?

런던에서 열린 어느 행사장에서 호랑이 엄마 밑에서 자란 바이올리니스트를 만난 적이 있다. 우리는 서로 우리가 얼마나 다른 환경에서 자랐는지 이야기를 나누게 되었다. "어렸을 때 엄마가 나중에 뭐가 되고 싶냐고 물었어요. 그때 저는 행복하게 살고 싶어요,라고 대답했어요. 그러나 엄마는 바보 같은 소리 하지 마. 그건 꿈이라고 할 수 없잖아,라고 말씀하셨죠." 그날 런던에서 들은 그녀의 바이올린 연주는 내 생의 최고였다. 그녀의 어머니는 분명 행복했을 것이다. 그녀도 행복했으면 좋겠다.

까마득한
계층의 사다리

> 경제적으로 평등한 나라일수록 "대부분의 사람을 믿을 수 있다"라고 한 응답자의 비율이 높다.

미국에서도 마찬가지 결과가 나타났다. 경제적으로 평등한 주일수록 상호 신뢰도가 높다. 상호 신뢰도가 높으면 안정감이 생기고 걱정거리가 줄어든다. 그리고 타인을 경쟁자가 아니라 협력자로 받아들일 가능성이 커진다.

신뢰도는 유동적인 것이다. 이 부분에서 영국이나 미국은 하향곡

선을 그리고 있다. 반세기 동안 미국의 경제 능력은 향상됐지만, 불평등이 심화됐기 때문에 신뢰도는 곤두박질쳤다. 불평등은 불신과 경쟁심과 적개심과 분노를 낳는다. 불평등은 전 세계적으로 심화되는 추세이다. 과거에는 부자와 빈자가 좋은 날과 궂은 날을 함께하는 '엘리베이터 효과'가 대세였다면 요즘은 가난한 사람일수록 소외감을 느낀다. 불평등이 심해지다 보니 소외와 공포와 분노를 느끼는 사람들이 점점 많아지고 있다.

불평등의 병폐를 훌륭하게 요약한 책으로 노팅엄대학교 사회역학과 교수인 리처드 G. 윌킨슨과 요크대학교 보건학부 역학과 교수인 케이트 피킷이 공동 집필한《평등이 답이다》가 있다. 불평등이 심할수록 공감능력과 신뢰와 육체적, 정신적 건강이 악화되고 폭력 사건과 범죄율, 비만율, 10대 출산율이 높아진다. 최근 들어 발표된 연구 결과 중에서 가장 흥미로운 것을 꼽으라면 '기내 난동' 사례를 조사한 캐서린 디셀레스와 마이클 노턴의 2015년 연구 결과를 들 수 있다.

기내 난동은 비행기 여행에 따르는 생리적, 정신적 스트레스 때문에 승객이 거칠고 폭력적인 행태를 보이는 것을 뜻한다. 승무원에게 위협을 가하거나 바지를 벗고 비행 내내 사각팬티 차림으로 앉아 있는 것도 기내 난동에 해당한다. 심지어 좌석을 뒤로 젖혔다는 이유로 앞자리 승객의 목을 조른 사례도 있었다. 좌석의 크기나 출발 지연 여부가 기내 난동과 상관있는지 여부도 이들의 관찰 대상이었지만, 사회의 축소판에 해당하는 기내의 계급 구조, 그러니까 불평등도 관찰 대상이었다.

이들의 연구 결과에 따르면 물리적인 불평등, 즉 1등석의 존재가 일반석에서 기내 난동이 벌어지는 횟수와 연관성이 있었다. 1등석이 있는 비행기의 경우, 일반석 승객이 앞좌석 승객의 목을 조를 가능성이 네 배 높았다. 1등석의 존재가 기내 난동 가능성에 미치는 영향은 비행기 출발이 9시간 30분 지연된 것만큼 또는 그 이상이었다. 일반석 승객만 난동을 부리는 건 아니다. 사회 고위층도 자신의 계급을 깊이 인식할수록 반사회적인 행동을 저지르고 공감능력이 떨어지며 특권 의식을 느낄 가능성이 높다. 즉, 반사회적인 행동을 저지르는 인간을 지칭하는 전문적인 용어를 빌리자면 '왕재수'가 될 가능성이 높다.

게다가 이 연구 결과에 따르면, 내가 흥미를 느낀 부분이 바로 이 대목인데, 일등석을 지나야 자기 좌석으로 이동할 수 있는 일반석 승객이 기내 난동을 부릴 가능성이 높았다. 비행기는 대개 앞쪽과 중간과 뒤쪽으로 탑승할 수 있는데, 앞쪽으로 탑승하는 경우에만 일등석의 혜택을 눈으로 직접 확인할 수 있다. 무료로 제공되는 샴페인, 뒤로 완전히 젖힐 수 있는 좌석, 잘난 척 미소를 짓고 있는 일등석 승객들의 표정을 목격한 일반석 승객은 남의 목을 조를 가능성이 두 배 더 높았다. 좌석의 크기 등 다른 요소들은 별 상관 없었다. 반사회적인 행동을 이해하고 예방하기 위해서는 불평등한 사회의 구조에 대한 고민이 중요하다는 것을 보여주는 연구 결과이다.

영국은 여러 면에서 웰빙의 선구자다. 일례로 해마다 연례 인구 조사를 통해 16만 명의 응답자들에게 웰빙과 관련해서 네 가지 질문을 한다. '어제 얼마만큼 행복하다고 느꼈는가?', '요즘 생활에 대체로 얼마만큼 만족하는가?', '어제 얼마만큼 불안을 느꼈는가?', '대체로 얼마만큼 가치 있는 일을 하며 살고 있다고 느끼는가?'

영국 신경제재단(NEF)에 따르면 브렉시트Brexit 국민투표에서 유럽

연합 탈퇴를 지지하는 집단은 행복의 불평등이 강력한 예측 변수였다. 행복의 격차가 가장 큰 웨일스 골짜기 일대의 블라이나이궨트 같은 곳에서는 압도적으로 탈퇴를 지지했고, 웰빙의 불평등이 가장 적은 체셔 이스트와 폴커크에서는 대다수가 잔류를 지지했다. 영국에서 웰빙의 불평등이 가장 심한 20개 지역에서는 57퍼센트가 탈퇴를 지지했고, 가장 평등한 20개 지역에서는 43퍼센트만이 탈퇴를 지지했다.

브렉시트 찬반 국민투표가 치러지기 3개월 전에 〈세계 행복 보고서〉는 웰빙의 불평등이 수입의 불평등보다 행복에 더욱 부정적인 영향을 미친다고 지적했다. 신경제재단도 지적했다시피 탈퇴에 찬성표를 던지는 데 영향을 미친 것은 수입의 불평등이 아니라 웰빙의 불평등이었다. 자신의 삶에 대해 느끼는 주관적인 감정과 타인과의 비교가 삶에 불만을 느끼는지, 소외감을 느끼는지 여부를 결정하는 더욱 강력한 돌발 변수라는 주장을 뒷받침하는 증거이다.

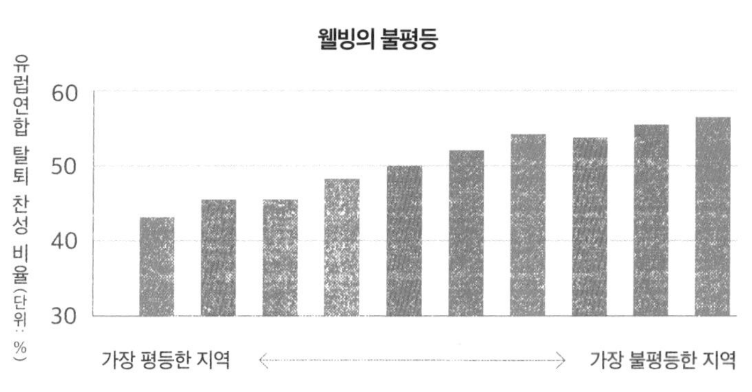

이웃의 행복이 나의 행복에 영향을 미친다

프란스 드 발은 자신의 책 《침팬지 폴리틱스》에서 정치의 기원이 인류보다 오래됐다고 주장했다. 또 한편으로는 우리의 육체가 불평등에 강렬하게 반응하도록 만들어졌을지도 모른다고 주장했다.

드 발은 원숭이가 불평등에 어떤 식으로 반응하는지 알아보기 위해 두 마리씩 짝을 지어 똑같은 과제를 수행하게 했다. 연구원에게 돌을 건네는 과제였다. 첫 번째 원숭이가 과제를 이행하자 오이 한 조각을 주었다. 원숭이는 좋아하며 계속 오이를 받기 위해 연구원에게 돌을 건넸다. 하지만 그것은 두 번째 원숭이가 돌을 건넨 대가로 원숭이들이 오이보다 더 좋아하는 포도를 받는 광경을 목격하기 전까지였다. 첫 번째 원숭이는 벽에 던져서 돌이 맞는지 확인한 다음 다시 연구원에게 건넸고 이번에도 그 대가로 오이를 받았다. 그러자 성질을 부렸다. 우리를 흔들고 바닥을 치고 오이를 다시 연구원에게 던졌다.

아이들의 공감능력을 키우고 경쟁보다 협동을 가르치면 단기적으로는 신뢰도를 높일 수 있다. 그러나 장기적으로 신뢰와 행복을 끌어올

리려면 알아야 하는 사실이 있다. 그것은 우리 가족의 안부뿐만 아니라 이웃집 아이들의 행복도 내 행복을 좌우하는 요소라는 것이다.

먼저 결승선에 다다른 사람들의 성공담이 아니라 어떤 식으로 넘어진 사람들을 다시 일으켜 세웠는지가 우리 사회의 판단 기준이 될 수 있다.

HAPPINESS TIP

다른 사람을 이해해보라

소설을 읽고, 타인의 행동을 이해할 수 있도록
평소와 다른 사람들을 만나본다.

입장을 바꿔서 생각해보자. 하퍼 리의 《앵무새 죽이기》나 F. 스코트 피츠제럴드의 《위대한 개츠비》나 존 스타인벡의 《분노의 포도》 같은 소설을 읽어보자. 평소와 다른 사람들을 만날 수 있는 기회를 찾아보자. 여러분과 정치적인 성향이 정반대인 후보에게 투표한 지역을 찾아가보자. 다른 사람들의 이야기를 듣다 보면 그들을 이해할 수 있을 것이다.

우리는 서로 많이 다르지 않다. 그들의 이야기를 듣다 보면 불평등과 불균형과 불의가 진정한 적이고, 공감능력과 신뢰와 협동심이 우리가 가져야 할 것임을 깨달을 수 있다.

Sense and Sensibility
FOLIO SOCIETY
TT FITZGERALD
THE GREAT GATSBY
FOLIO SOCIETY
THE HITCHHIKER'S GUIDE TO THE GALAXY
FOLIO
TRUMAN CAPOTE
BREAKFAST AT TIFFANY'S
PARADISE LOST
JOHN MILTON
007
CASINO ROYALE
EVELYN WAUGH
VILE BODIES
FOLIO
KEN KESEY
ONE FLEW OVER THE
CUCKOO'S NEST
HANS ANDERSEN'S FAIRY:TALES
WITH ILLUSTRATIONS·BY
W:HEATH ROBINSON

세계 각국의 신뢰

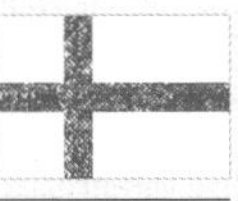

잃어버린 지갑 실험 **핀란드 헬싱키**

여러 도시에서 지갑을 떨어뜨리는 실험을 진행했다. 지갑에는 이름, 휴대전화번호, 가족사진, 쿠폰, 명함, 50달러에 해당하는 현지 화폐가 들어 있었다. 헬싱키에서는 지갑의 92퍼센트가 현금이 고스란히 든 채 회수되었다.(216~217쪽 참조)

병렬 서사 체험 **이스라엘과 팔레스타인**

부모 모임 가족 포럼(PCFF)은 양국간의 분쟁으로 직계가족을 잃은 적 있는 팔레스타인과 이스라엘 가족의 민간 조직이다. 병렬 서사 체험은 분쟁의 양측이 상대방의 개인적인 사연과 국가적인 사연을 이해할 수 있도록 돕는 것을 목적으로 한다. 이 단체 회원들은 정기적으로 만나 상호 이해와 존중을 도모한다.

라이브 액션 역할극 교육 **덴마크 외스터스코우**

외스터스코우 에프터스콜레에서는 1주일 동안 고대 로마나 월가에서 살아보기 같은 라이브 액션 역할극을 통해 아이들을 가르친다. 예를 들어 아스퍼거 증후군이 있는 아이들은 이 놀이를 통해 서로 다른 역할을 맡아보면서 사회적 기술을 익히고 여러 상황에 대처하는 법을 배울 수 있다.

교도소를 인생 학교로 **싱가포르**

싱가포르 교정국은 교도소를 협동과 사회 복귀에 초점을 맞춘 인생 학교로 개조했다. 교도관들은 지정된 동의 재소자들과 관련된 모든 문제를 관리하고 그들의 멘토와 카운슬러가 되었다. 재소자들에게는 좋은 방향으로 발전하는 데 도움이 되는 사안을 결정할 수 있는 권한이 주어졌다. 그 결과, 교도관들의 사기와 안전성이 높아지고 교도소와 바깥 사회의 연결성이 향상되고, 10년간 재범률이 44퍼센트에서 27퍼센트로 감소하는 등 눈에 띄는 변화가 나타났다.

파벨라 그림 재단 **브라질 리우데자네이루**

리우데자네이루의 파벨라(브라질의 슬럼가 – 옮긴이)에서는 화가들이 작지만 의미 있는 혁명을 주도하고 있다. 이들의 무기는 붓과 물감이다. 그것으로 파벨라의 주택을 무지개 색으로 칠하고 있다. 이 프로젝트는 누구나 참여할 수 있는 공동 작업으로 수많은 동네 젊은이들이 동참하고 있다. 이들은 함께 색상을 선택하고 함께 색칠하고 함께 즐긴다. 덕분에 요즘 이곳에선 새로운 세상이 주민과 관광객을 맞이한다. 이곳 주민들은 이제 이곳을 당당하게 보금자리라고 소개한다. 세상이 기대하는 것 이상으로 보여줄 게 있노라고 당당하게 말한다.

8장

헬퍼스 하이,
친절한 마음씨

친절한 마음씨

지금까지 여행을 하면서 만난 사람들 중에 가장 감동적이었던 사람을 꼽으라면 클라크다. 그는 현실 속에서 슈퍼히어로와 가장 가까운 사람이다. 그는 비행공포증을 덜어주겠다는 이유 하나만으로 톰의 옆자리에 앉아서 비행기 여행을 했다. 앤서니를 도와서 런던 지하철이 장애인들이 이용하기에 얼마나 불편한지 알리는 운동을 했다. 잃어버린 메모리 카드의 주인을 찾아주거나 아들에게 오랫동안 연락이 끊긴 아버지를 찾아주려고 했다.

모두 모르는 사람을 위해서 한 일이다. 그의 슈퍼 파워는 친절한

마음씨다. 클라크는 프리 헬프 가이free help guy라고 불리기도 한다.

"누구나 어렸을 때는 세상을 바꾸겠다는 꿈을 꿀 거예요. 그런데 20대 후반에 내 모습을 돌아보니 수천 명의 사람들과 옥스퍼드 서커스 역으로 날마다 출퇴근하고 있더군요. 아무 의미 없는 일을 반복하고 있었죠. 앞으로 5년 동안 같은 일을 반복하는 내 모습을 상상해보았더니 이건 아니다 싶었어요. 그래서 회사를 그만두었어요."

HAPPINESS TIP

친절로 무장한 비밀 슈퍼 히어로가 되어보자

친절한 행동을 통해 남에게 행복을 선물할 수 있는 방법을 찾는다.

영화《아멜리에》에서 부끄럼이 많은 주인공 아멜리에는 몇 십 년 전 그녀의 아파트에 살았던 소년이 숨겨놓은, 오래된 철제 상자를 발견한다. 이 상자에는 소년의 어린 시절 추억이 담겨 있었다. 아멜리에는 이제 어른이 된 소년을 찾아가 상자를 돌려준다. 그녀는 남자가 기뻐하자 평생 남들에게 행복을 선물하며 살아가기로 마음먹는다.

이 세상에는 아멜리에가 좀 더 많아져야 한다. 우리 모두 친절로 무장한 비밀 슈퍼 히어로가 되어보는 건 어떨까?

그는 회사를 그만두고 처음 1주일 동안은 《브레이킹 배드》를 보았다. 그러다 인터넷에 글을 올렸다. "도움이 필요한 분이 계시면 도와드립니다. 무료로. 재미있고 남다르며, 도덕적으로 가치가 있는 부탁이면 특히 환영합니다. 프리 헬프 가이The Free Help Guy."

클라크는 사람들을 돕고 싶었다. 1 대 1로 돕되, 일말의 자유도 누리고 싶었다. 그날 바로 댓글이 달렸다.

잉글랜드 남부 바닷가의 플리머스에 사는 질과 리처드 부부는 남는 방을 노숙자에게 빌려주고 있었다. "그 사람이 취직해서 이제 나가서 살게 됐거든요. 우리의 도움을 받을 만한 다른 사람을 찾아줄래요?"

그다음으로 도움을 요청한 빈스는 IT업계의 중간 관리자로 일하는 사람이었다. 공연 최면술사가 꿈인 그는 실험 대상이 필요했다. 클라크는 이 재미있는 실험에 참여할 사람을 찾아주었다.

미국에 사는 질은 남편 이언과 오랫동안 연락이 끊긴 시아버지를 찾아달라고 했다. 클라크가 이언의 아버지를 찾았을 때는 이미 고인이 된 후였다. 클라크는 얼굴도 모르는 이언에게 전화해 아버지의 사망 소식을 전해야 했다. 모두가 바라던 해피엔딩은 아니었지만, 그래도 이언은 아버지의 행방을 알 수 있었다.

백혈병 환자 마곳은 골수 기증자를 찾아야 했다. 클라크는 80명의 도우미 단체를 결성해 인근 조직샘플채취센터 주변에 전단지를 뿌렸다. 마곳은 기증자를 찾았지만 목숨을 부지하지는 못했다. 안타깝게도 10개월 뒤에 세상을 떠났다.

사람들을 돕고, 그들의 이야기에 귀를 기울이고, 그들의 꿈과 희망과 고군분투에 관여하다 보면 슬플 때도 있고 뿌듯할 때도 있다. 그들의 승리에 동참하고 패배를 공유하게 된다. 관여한다는 것은 가끔 상처를 받을 때도 있다는 것을 의미한다. 도움의 대가는 복합적일 수 있다. 하지만 남을 도우면 목적의식이 생긴다.

클라크가 이든을 처음 만났을 때 그는 아홉 살이었고 간대성 횡경막 근경련을 앓고 있었다. 벨리 댄서 증후군이라고도 불리는 이 병에 걸리면 횡경막이 제대로 기능하지 않아 온몸에 경련이 일고 말을 하지 못한다. 워낙 희귀한 병이라 영국에 환자가 이든 한 사람밖에 없었다. 유일한 전문가는 수천 킬로미터 떨어진 미국의 콜로라도주에 살고 있었다. 클라크는 크라우드펀딩을 조성하고 기자들을 채근해 비행기 티켓, 숙소, 초진에 필요한 4000파운드를 모금했다. 2015년 클라크가 이든을 만났을 때 그는 아주 잘 지내고 있었다.

"다들 런던은 물가가 비싼 곳이라 돈을 버는 데 집중해야 된다고 생각하죠. 그래도 얼마든지 짬을 내서 다른 사람을 도울 수 있어요." 그는 비금전적인 가치를 지닌 수익을 추구하고 싶어 했던 사람답게 행복으로 전환할 수 있는 새로운 화폐를 발견한 것이다.

남을 도우면서 클라크의 인생은 달라졌다. "심장이 이런 식으로 뛴 적이 없었어요. 사는 게 짜릿해요. 베푸는 게 행복이에요. 프리 헬프 프로젝트로 가장 많은 도움을 받은 사람은 바로 나예요." 그는 현재 프리랜서 비즈니스 컨설턴트로 일하고 있다. 처음에는 6개월이라는 기간을 정했지만 평생 동안 남을 도우며 살아가기로 마음먹었다. 그리고 자신이 세상에 없어도 '프리 헬프 가이'의 명맥이 유지되기를 바라고 있다.

이번 주에 해야 할
다섯 가지 친절한 행동

1. 누군가의 대문 앞에 선물을 사다 놓는다.
2. 프런트데스크 직원이나 매일 마주치는 사람의 이름을 알아놓고, 그들의 이름을 부르며 인사를 건넨다.
3. 점심 도시락을 2개 싸 가지고 가서 하나는 선물한다.
4. 낯을 가려서 파티장이나 사무실에서 남들과 어울리지 못하는 사람에게 먼저 말을 건넨다.
5. 지금 당장 누군가에게 진심으로 칭찬을 한다.

좋은 일을 하면 기분이 좋아진다

"한 시간 동안 행복해지고 싶으면 낮잠을 자라. 하루 동안 행복해지고 싶으면 낚시를 해라. 1년 동안 행복해지고 싶으면 재산을 물려받아라. 평생 행복해지고 싶으면 남을 도와라."

중국에는 위와 같은 격언이 있다. 이타심은 다른 사람의 행복을 배려하는 마음으로, 일부 국가가 다른 국가에 비해 행복지수가 높은 이유를 설명하는 한 가지 요소다. 2012년 〈세계 행복 보고서〉에 따르면 구성원들 간에 이타심이 충만해야 행복한 사회가 될 수 있다. 구성원 개개인의 기분이 좋아짐으로써 사회가 전반적으로 행복해진다. 대가를 바라는 게 아니라 남을 돕고 싶은 순수한 마음으로 모르는 사람에게 친절을 베풀었던 기억을 떠올려보자. 그때 어떤 기분을 느꼈는지 말이다.

언젠가 슈퍼마켓에 갔다가 걸어서 집으로 돌아오는 길에 신호등 앞에 멈추어 섰을 때의 일이다. 엄마와 함께 서 있는 아이가 울고 있었다. 아이는 배고픈 듯했다. 응급조치가 필요한 상황이었다. 나는 사 가지고 온 바나나 한 다발에서 하나를 떼어내 아이 엄마에게 건넸다. "이거 먹이실래요?" 아이 엄마는 행복해했다. 아이도 행복해했다. 나도 행복했다. 이때 우리가 느낀 것은 정서적인 행복이었다. 행복한 기분이었다. 내가 행복했던 이유 중 일부분은 헬퍼스 하이helper's high 덕분이었다.

헬퍼스 하이는 좋은 일을 하면 모르핀에 살짝 취한 것 같은 효과가 나타나면서 기분이 좋아지기 때문에 붙은 이름이다. 인간의 두뇌에는 보상 센터라고 불리는 측좌핵이 있는데, 음식을 먹거나 성관계를 하면 이 부분이 활성화된다. 미국 보건복지부 산하 국립보건원의 신경학 연구에 따르면 실험 참가자들이 자선단체에 돈을 기부하는 상상을 했을 때도 음식이나 쾌락에 반응하는 뇌의 이 부분이 활성화된다고 한다. 우리는 종족의 생존에 기여하는 일을 했을 때 기분이 좋아지도록 만들어졌다. 협동은 종족의 생존에 보탬이 된다. 우리는 협동을 하면 기분이 좋아지도록 만들어졌다.

HAPPINESS TIP

세계 친절의 날을 기념하자

세계 친절의 날을 기념하기에 가장 좋은 방법은 친절을 베푸는 게 아닐까? 1998년 세계친절운동본부에서 정한 세계 친절의 날은 11월 13일이다. 영국에는 전국 친절의 날이 있는데 올해는 3월 31일이었다.

친구들을 불러 모아서 도우미 단체를 결성하고 도움이 필요한 사람을 위해 나서면 어떨까? 슈퍼 히어로 옷을 입고 그날 하루 동안 이런저런 선행을 실천해보면 어떨까? 예전에 신세를 졌던 사람에게 감사 전화를 하거나 편지를 쓰면 어떨까?

남을 돕는 기쁨이 나의 행복을 만든다

이타적인 자세는 전반적인 행복과 삶을 바라보는 시각에도 영향을 미친다.

자원봉사를 하는 사람들은 사회경제학적 지위 같은 다른 요소를 감안하더라도 자원봉사를 하지 않는 사람들에 비해 행복하다. 뿐만 아니라 우울증이나 불안장애를 겪는 확률이 적고, 좀 더 의미 있는 삶을 살 수 있다. 행복한 사람이 자원봉사를 신청할 가능성이 높기 때문에 그런 것일 수도 있다. 나보다 불운한 사람들이 사는 모습을 보고 나에게 주어진 것에 감사하는 마음이 생겼기 때문에 그런 것일 수도 있다. 이렇듯 자원봉사는 간접적으로 긍정적인 효과를 미친다.

스물세 살 때 나는 적십자에서 청소년 상담사로 자원봉사를 신청했다. 기본 소양 교육 시간에 상담사 말고 또 다른 일자리가 뭐가 있는지 소개받았는데 고등학교를 찾아다니며 10대들에게 고민과 공감능력과 경청하는 법에 대해 설명하는 팀도 있었고, 커뮤니케이션을 담당하는 PR팀도 있었다. 나는 첫 번째 팀에 관심이 있었는데 그 팀에 관심을 보이는 사람들이 점점 많아지자 PR 팀에 대해 좋게 얘기하기 시작했다. 내 옆에 앉아 있던 프레데리케가 내 쪽으로 몸을 기울이더니 속삭였다. “프레젠테이션 팀에 들어가고 싶은데 자리가 없을까 봐 걱정되는 모양이지? 그래서 PR팀을 홍보하기 시작한 거야? 머리 좋은데?” 그녀와 나는 이때부터 지금까지 15년째 친구로 지내고 있다.

이 일화의 교훈은 두 가지다. 첫째, 자원봉사는 새로운 친구를 만나기에 좋은 기회다. 둘째, 나를 꿰뚫어볼 줄 아는 친구를 사귀어야 한다. 자원봉사는 폭넓은 사회 관계를 맺거나 친구를 사귈 기회를 제공하고, 행복에도 영향을 미친다.

덴마크 국민의 대다수가 자원봉사에 참여하는 것도 이 때문인지 모른다. 덴마크 자원봉사협회에 따르면 덴마크 국민의 42퍼센트가 무보수 봉사 활동을 하고 있으며, 70퍼센트가 지난 5년 동안 무보수 봉사 활동에 참여한 적이 있다. 덴마크의 행복지수가 높은 데는 이것도 하나의 이유로 작용했을 것이다. 그런데 선행이 그렇게 좋은 거라는데 우리는 왜 좀 더 베풀지 않는 걸까?

노르웨이 사회연구소의 질 로가가 발표한 보고서에 따르면 대부분의 사람들이 자원봉사를 자기 자신이 아니라 남에게 좋은 일로 간주하기 때문이다. 이 말은 곧, 선행과 이타심의 장점을 강조할 필요가 있다는 뜻이기도 한다. 반드시 자선단체를 찾아가서 자원봉사를 신청해야 하는 것은 아니다. 축구 연습을 돕거나 길거리에서 만난 낯선 사람들에게 다정한 미소를 지어 보이기만 해도 충분하다.

C A S E S T U D Y

소피 이야기

"이제 와 생각해보면 우울증이나 뭐 그런 걸 겪고 있었던 것 같아요."

소피는 금융위기 여파로 정리 해고를 당했다. "나는 모든 것을 쏟아부어가며 일했어요. 내 일을 사랑했거든요. 물론 시간적인 여유가 생기면 하고 싶은 것이 많았죠. 그런데 회사에서 잘리니까 침대에서 일어나지 못하겠더라고요."

몇 달 동안 그녀는 자신이 누구이고 누구였는지 알 수 없는 기분을 느꼈다. "일이 곧 내 아이덴티티였는데 그게 없어져버린 거죠. 동료들이 내 인맥이었는데 그것도 없어져버렸고요. 완전히 없어지지는 않았을지 몰라도 사이가 어색해졌어요."

그녀는 스스로 고립되기 시작했다. 어쩌다 참석한 디너파티는 최악이었다. 모두들 무슨 일을 하는지, 얼마나 바쁜지 늘어놓느라 여념이 없었다. "누군가와 대화를 나누다 보면 꼭 끔찍한 질문이 따라왔어요. '그래서, 무슨 일을 하세요?' 조만간 그 질문이 등장할 것 같으면 핑계를 만들어서 얼른 자리를 옮겼어요. 점점 피곤해지더라고요."

얼마 후에는 의심과 방황의 시기가 닥쳤다.

"자존감이 곤두박질쳤어요. 정리 해고당한 것은 그렇다 쳐도 재취

업 자리에서 줄줄이 퇴짜를 맞으니까 내 능력이 의심스러워지더라고요. 나는 영영 끝난 게 아닐까, 그런 생각이 들기 시작했어요."

그러던 어느 일요일, 소피는 언니의 전화를 받았다. "언니는 아파트에서 빵을 파는 자원봉사를 하고 있었는데 조카를 응급실에 데려가야 한다며 도와달라고 했어요."

"그동안 언니가 수도 없이 그 일을 같이 하자고 했지만 계속 거절했었거든요. 그런데 그날 오후에는 오랜만에 예전의 나로 돌아간 듯한 기분을 느꼈어요. 재미있었어요. 내가 쓸모 있는 사람이 된 것 같았죠. 내가 어떤 사람이었는지 기억났어요. 그날 얼마나 날아다녔는지 몰라요." 그녀는 웃음을 터뜨렸다. 그녀는 언니의 자원봉사에 동참하기 시작했다. "그게 타개책이 됐던 것 같아요. 자원봉사니까 부담이 없었어요. 내 페이스에 맞춰서 할 수 있었고요."

이후 그녀는 현장에서 빵을 판매하는 걸 본 사람의 제의로 이벤트

업계에 복귀했지만, 지금도 자원봉사를 계속하고 있다. "내 아이덴티티는 이제 2개가 됐어요. 언니를 좀 더 자주 만나는 것도 좋고요. 거기다 빵도 먹을 수 있지요."

HAPPINESS TIP

헬퍼스 하이를 실천해보자

자원봉사의 종류는 여러 가지다. 여러분의 개인적인 목표나 관심사와 잘 맞아떨어지는 자원봉사 활동을 찾아서 실행해보자.

- 정치에 관심이 많은가? 평소 호감을 느꼈던 지역 후보의 사무실에서 일을 해보자.
- 사람들 앞에서 얘기하는 연습이 필요한가? 학생을 가르치는 일을 찾아서 전문 지식을 나누어주자.
- 외국 문화를 배우고 싶은가? 이주민의 멘토가 되어주자.
- 야외활동을 좋아하는가? 환경단체에서 오솔길 관리를 도와줄 사람을 찾고 있을지 모른다.
- 운동을 좀 더 하고 싶은가? 스포츠 팀 코치를 맡는다.
- 청중 앞에서 악기를 연주하는 연습을 하고 싶은가? 인근 노인요양센터에 문의해보자.

아직 자신이 없다면 1일 체험을 하거나 친구를 데려가는 것도 하나의 방법이다. 아니면 거기서 친구를 사귀어도 좋다.

'뚱한 표정'으로 악명 높은 나라?

행복지수가 높은 덴마크 사람들은 모두 더할 나위 없이 행복한 미소를 머금고 다닐 거라고 생각할 수도 있다. 하지만 사실은 그렇지 않다. 덴마크 사람들은 뚱한 표정과 싸늘한 눈빛으로 악명이 높다. 행복한데도 불구하고 표정이 상냥하고 싹싹하지 않다. 다른 나라로 여행을 간 덴마크 사람들은 사람들이 얼마나 잘 웃는지 알게 되었다고 말한다. 그런데 런던에서 온 사람들은 내게 덴마크 사람들이 잘 웃는다고 했다. 어느 쪽 말이 맞을까? 덴마크 사람들은 남들보다 자주 웃을까, 적게 웃을까?

3년 전에 나는 답을 알아내기 위해 데이터를 수집하기 시작했다. 지난 몇 년 동안 방문한 도시에서 웃는 얼굴과 마주친 빈도를 기록했다. 행복연구소에는 현재 전 세계 20여 개 도시에서 수집한 3만여 명의 데이터가 있다. 이건 정확히 따지면 일이라기보다 돈이 드는 취미생활에 가깝다. 미소의 빈도를 어떤 방법으로 측정하는지 궁금한가? 나는 다른 도시를 방문할 때 남들이 하는 것처럼 한다. 카페에 앉아서 커피를 마시며 사람 구경을 한다. 물론 관찰하는 사람은 무작위로 설정한다. 자칫 눈에 확 띄는 빨간색 원피스를 입은 아가씨나 큰소리로 얘기하는 사람들에게 시선을 빼앗길 수 있기 때문이다. 그래서 나는 속으로 중얼거린다. '좋아, 저 길모퉁이를 첫 번째로 돌아 나오는 사람 아니면 인도의 저 맨홀을 첫 번째로 밟는 사람을 관찰하겠어.' 물론 결과에 영향을 미칠 수도 있으니 상대방이 모르게 한다. 그 사람을 5초 정도 관찰한 뒤에 미소를 짓는지 여부와 성별, 추정 연령, 동행이 있는지, 무엇을 하고 있는지를 기록한다. 커피를 마시고 있는지, 전화 통화를 하고 있는지, 개를 산책시키고 있는지 말이다.

그렇게 일상적인 업무를 처리하는 수천 명의 사람과 전화 통화를 하는 수백 명의 사람과 손을 잡고 가는 수십 명의 사람과 코를 파는 1명의 사람을 관찰했다. 수집해놓은 데이터를 살피다 보면 미소의 분포뿐 아니라 다른 패턴도 눈에 들어오기 시작한다. 이탈리아 커플은 연령과 상관없이 손을 잡고 다니는 걸 좋아하고, 멕시코 사람들은 무언가 먹으면서 다니는 경우가 많고, 파리와 밴쿠버에선 개를 산책시키러 나

웃는 얼굴로 걸어다니는 행인의 비율

1위	2위	3위
말라가	밀라노	쿠알라룸푸르
13.9%	12.7%	12.5%

코펜하겐	12.7%	리가	7.1%	서울	4.7%
마드리드	9.5%	마라케시	6.8%	암스테르담	4.4%
몬트리올	9.5%	밴쿠버	6.8%	런던	4.3%
과달라하라	9.2%	바르샤바	6.2%	더블린	4%
스톡홀름	9.2%	파리	5.1%	릴	3.3%
리스본	7.7%	헬싱키	4.7%	뉴욕	1.4%

출처: 행복연구소

온 사람들이 유난히 많았다. 가장 어려운 숙제는 관광객을 걸러내고 그곳 주민만 기록에 넣는 것이다. 카메라와 지도를 들고 어리둥절한 표정을 짓고 있는 남자는 외지인일 가능성이 크다. 그리고 양손 가득 장을 본 물건을 들고 밀라노의 두오모 대성당 옆을 지나며 쳐다보지도 않는 여자는 현지인일 가능성이 크다.

그렇다면 덴마크 국민들은 다른 나라 국민들보다 자주 웃을까? 아니다. 밀라노 시민들과 비슷한 수준이고, 말라가 시민들보다는 덜 웃는다. 하지만 코펜하겐 시민들이 뉴욕, 마라케시, 바르샤바 시민들보다 많이 웃기는 한다. 코펜하겐 시민들은 평균 12.7퍼센트가 웃는 얼굴이고, 뉴욕은 그보다 2퍼센트 낮고, 말라가 시민들은 그보다 자주 웃어서 거의 14퍼센트에 달한다.

그런데 이런 결과는 동행이 있는지 여부에 따라 크게 달라진다. 사람들은 혼자일 때는 거의 웃지 않는다. 내가 다녀본 여러 나라에서 공통적으로 발견된 현상이다. 혼자 걷는지 동행인지의 여부와 미소의 빈도에는 강력한 상관관계가 있다. 뉴욕, 서울, 리가 시민들은 낮 시간 동안에는 대개 혼자 걸어 다닌다. 동행이 있는 경우는 5명 중 1명이 채 안 된다. 이들 도시의 웃는 얼굴 비율은 전 세계를 통틀어 가장 낮다. 반면에 미소의 도시라 할 수 있는 말라가와 밀라노에서는 동행이 있는 경우가 많았다.

도시의 어디에서 미소의 빈도를 측정하는지도 중요하다. 런던을 예로 들면 한복판의 번잡한 스트랜드보다 친구와 가족들끼리 산책을 하러 나오는 리전트 파크에서 웃는 얼굴과 맞닥뜨릴 가능성이 크다.

문화도 중요한 역할을 한다. 웃는 표정을 짓고 있는 사람들을 친절하고 싹싹하며 더 매력적으로 보는 나라가 있는가 하면 지능이 낮은 것으로 해석하는 나라도 있다. 폴란드 과학원의 심리학자 쿠바 크리스는 웃는 표정을 짓고 있는 사람들에 대한 인식이 문화별로 어떻게 다른지 연구했다. 44개 문화권에 속하는 4519명의 참가자에게 웃는 표정의 사진과 웃지 않는 표정의 사진을 보여주며 그들이 얼마나 정직하고 지적이라고 생각하는지 점수를 매기게 했다. 빨간 선 왼쪽의 나라들은 웃는

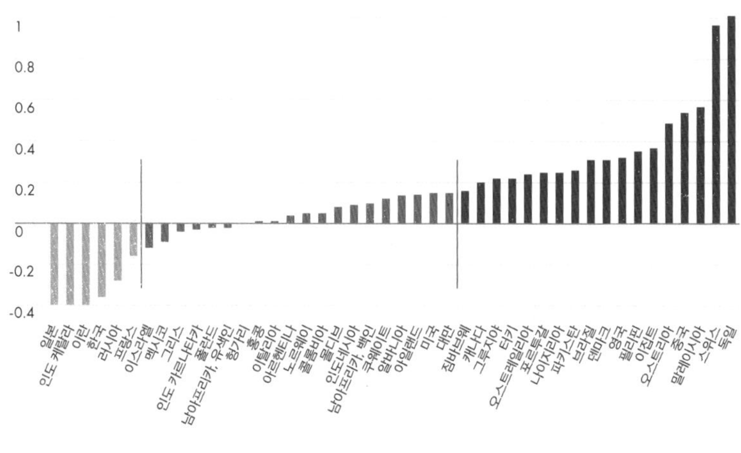

출처: 쿠바 크리스 et al, 〈웃을 때 조심할 것: 웃는 표정을 짓고 있는 사람들의 지능과 정직성을 판단하는 데 문화가 미치는 영향〉, 《비언어 행동저널》, 2016년

표정을 짓고 있는 사람들을 지능이 떨어져 보인다고 평가했고, 빨간 선 오른쪽의 나라들은 웃는 표정을 짓고 있는 사람들을 지적으로 보인다고 평가했다.

독일, 스위스, 말레이시아 같은 나라에서는 웃는 표정을 짓고 있는 사람들이 그렇지 않은 사람들보다 훨씬 지적으로 보인다고 했지만 일본, 한국, 러시아 같은 나라에서는 웃는 표정을 짓고 있는 사람들이 지적으로 보이지 않는다고 했다. 이와 관련 "아무 이유 없이 웃는 건 바보라는 증거"라는 러시아 속담이 있다.

HAPPINESS TIP

미소를 머금고
모르는 사람에게 말 걸기

> 미소와 다정한 인사를 건네자.
> 돈이 드는 것도 아니지 않은가.

2년 전에 코펜하겐의 어느 대학교에서 엘리베이터를 탄 적이 있다. 안에는 나와 무척 닮았을 뿐만 아니라 차림새까지 똑같은 남자가 타고 있었다.

"선생님도 쌍둥이 연구에 참여하러 오셨나요?" 내가 물었다.

"아뇨."

내 평생 엘리베이터를 타고 가는 시간이 그렇게 길게 느껴진 적이 없었다.

가끔 친절을 목표로 방망이를 휘두르지만 어색한 분위기가 얼굴을 강타할 때도 있다. 하지만 성공하는 경우도 있다. 그럴 때면 5초 동안 이 세상은 보다 나은 곳이 된다. 그 5초를 시발점으로 좀 더 따뜻한 세상을 향한 긴 여정이 시작될 수도 있다. 사소한 데서 엄청난 일이 비롯되는 경우도 많지 않은가.

눈 먼 사람도 볼 수 있는 언어

마크 트웨인은 "친절은 귀 먼 사람도 들을 수 있고
눈 먼 사람도 볼 수 있는 언어"라는 명언을 남겼다.

로버트 리바인은 여섯 살 때 뉴욕 번화가의 번잡한 인도 한복판에 누워 있는 남자를 보았다. 그 옆을 지나가는 사람들은 그를 못 본 척하는 수준을 넘어 멀찌감치 피해 갔다. 오랜 세월이 지나 미얀마를 여행하던 길에 로버트는 랑군의 복잡한 시장에 들렀다. 태양은 뜨겁고 공기는 답답해서 숨을 쉬기가 힘들었다. 큼지막한 가방을 들고 가던 젊은 남자가 갑자기 길거리 한복판에서 쓰러졌다. 사람들이 금세 그의 주변으로 몰려들었다. 노점상들은 자기 노점을 비우고 달려와 그에게 물을 먹였고, 의사를 불러오는 동안 담요로 머리를 받쳐주었다.

현재 로버트는 캘리포니아주립대학교 심리학과 교수로, 사람들이 서로를 보살피는 이유가 무엇이고 친절을 대하는 태도가 극도로 다른 이유는 무엇인지 연구 중이다. 로버트는 낯선 사람에게 어느 정도로 친절할 수 있는지 알아보기 위해 번잡한 길거리에서 3건의 실험을 벌였다. 도움이 필요한 낯선 사람을 등장시키는 실험이었다. 길바닥에 펜을 떨어뜨리는데 주인이 그걸 모르는 실험, 다리에 부목을 대고 절뚝거리며 걷던 사람이 잡지를 떨어뜨리고 그걸 줍느라 끙끙대는 실험, 시각장애인을 가장한 실험자가 차량 통행량이 많은 교차로 앞에서 길을 건너는 걸 도와줄 사람을 기다리는 실험 등이었다. 실험 결과 얼마나 많은 사람들이 도움의 손길을 내미는가에 영향을 미친 가장 큰 변수는 도시의 번잡도였다. 주변에 사람이 많을수록 개개인이 유대감과 책임감을 덜 느꼈기 때문에 적극적으로 도움의 손길을 내밀지 않았다.

미국 24개 도시를 살펴보았을 때 도움을 받을 확률이 가장 낮은 곳은 뉴욕이고, 가장 높은 곳은 테네시주 녹스빌이었다. 그런데 브라질의 리우데자네이루는 덴마크의 수도보다 인구가 열두 배 더 많은데도 불구하고 전 세계를 통틀어 가장 친절한 도시로 밝혀졌다. 리우데자네이

루처럼 번잡한 도시에 친절한 사람들이 많은 이유는 뭘까?

리바인과 함께 캘리포니아주립대학교에 재직 중인 사회심리학 교수 아롤도 로드리게스는《아메리칸 사이언티스트》에 기고한 글에서 언어와 문화 때문일지 모른다고 했다. "브라질에는 중요한 단어가 있다. 심파치코simpático. 이 단어는 친절하고 싹싹하고 유쾌하고 성격 좋고 같이 있으면 재밌고 까다롭지 않은, 사회적 인간으로서 갖추어야 할 덕목을 지칭한다. 브라질 사람들은 심파치코하다는 평가를 받고 싶어 한다. 발 벗고 모르는 사람을 돕는 이유도 심파치코 이미지의 일부분이기 때문이다." 산호세, 멕시코시티, 마드리드 같은 라틴아메리카의 도시에 친절한 사람들이 많은 이유도 심파치코 때문일 수 있다.

뿐만 아니라 이 연구 결과에 따르면 사람들의 걷는 속도가 빠른 도시에서는 도움을 주더라도 태도가 무뚝뚝했다. 리우에서는 펜을 떨어뜨린 사람을 쫓아가서 펜을 건넸다. 뉴욕에서는 펜을 떨어뜨렸다고 큰 소리로 알려줄 뿐 걸음을 멈추지는 않았다.

뉴욕 사람들이 콜카타 사람들에 비해 천성이 무뚝뚝한 건 아니다(276~277쪽 참조). 관건은 시민들이 어떤 식으로 교육을 받고 행동하느냐다. 그렇다면 도시 인구가 계속 늘어나는 요즘 같은 때 어떻게 하면 친절한 사회를 만들 수 있을까?

HAPPINESS TIP

묻지 말고 그냥 도와라

"제가 또는 저희가 도울 일이 있으면 언제든 말씀해주세요"는 생략하자. 뭘 도와야 하는지 이미 알고 있지 않는가.

고등학생이었을 때 어느 날 오후, 집으로 돌아와보니, 옆집에 사는 닐스가 집 앞 진입로의 흙을 삽으로 파고 있었다. 나도 삽을 꺼내 들고 나가서 거들었다. 누가 봐도 도움이 필요한 상황이었기 때문에 물을 필요가 없었다.

그로부터 2~3년 뒤에 어머니가 돌아가시고 며칠 지났을 때, 닐스와 그의 아내 리타가 우리 집 초인종을 눌렀다. "저녁 같이 먹자." 그 동네는 뭐가 필요하냐고 묻지 않고 알아서 챙겨주는 곳이었다. 내가 하고 싶은 말이 뭔가 하면 가끔은 도움이 필요하냐고 물을 필요가 없을 때도 있다는 것, 그러니까 그냥 돕자는 것이다.

낯선 사람을 도우려는 비율

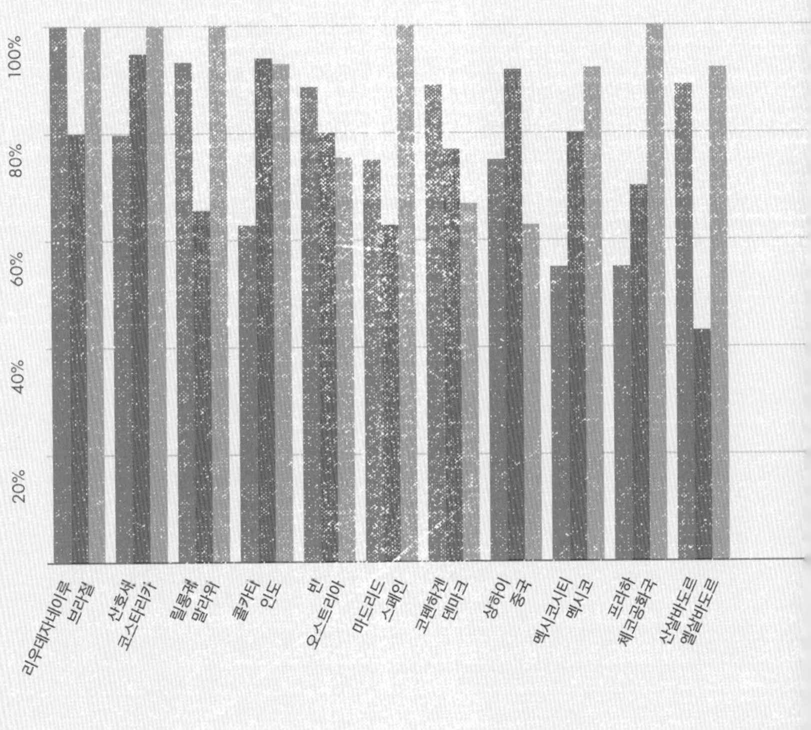

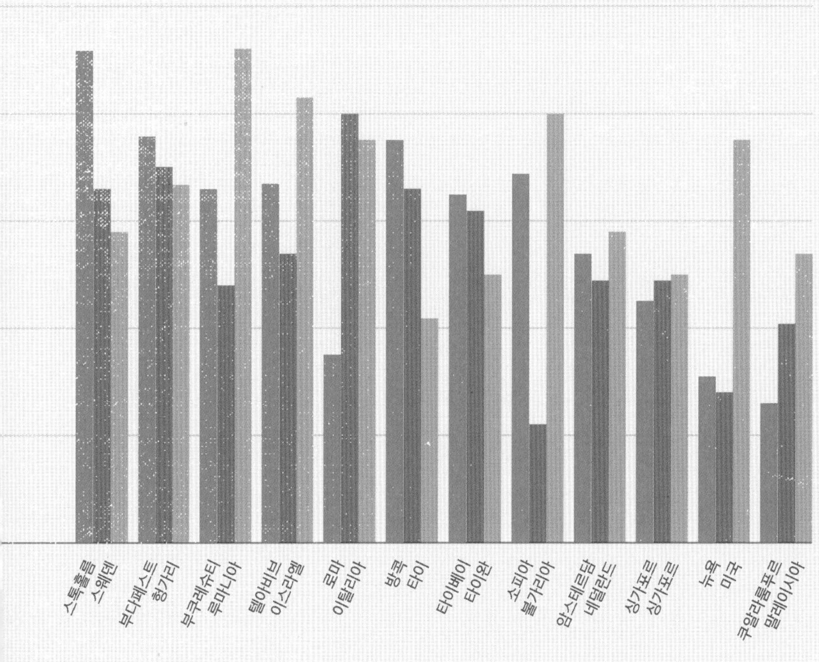

출처: 로버트 리바인, 〈낯선 사람에게 베푸는 친절: 길거리에서 우연히 마주친 사람을 돕는 비율이 전 세계 대도시 별로 얼마나 다른가〉, 《아메리칸 사이언티스트》, 2003년

친절은 행복을 낳는다

"덴마크는 전 세계를 통틀어 가장 행복한 나라다. 가장 행복한 만큼 가장 친절하지 않을까 싶지만 그렇지 않다."

미국인 아버지와 덴마크인 어머니 사이에서 태어난 라르스는 덴마크에서 퍽킹 플링크Fucking Flink 운동을 시작했다. 플링크Flink는 덴마크어로 '친절하다, 착하다, 다정하다, 성격 좋다'라는 뜻이다. 2010년에 그는《퍽킹 플링크: 전 세계를 통틀어 가장 행복한 사람들은 어떻게 가장 친절한 사람들이 되었을까?》를 출간했다. 일상생활 속에서 좀 더 친절해지자고 촉구하는 '친절 선언문'이었다.

그는 '어떻게 지내세요?', '부탁할게요', '감사합니다'라는 말을 좀 더 자주 쓰자고 하지 않는다. 그가 추구하는 것은 진정한 의미의 친절, 주변 사람들을 챙기는 마음이다. 그는 친절이 더 많은 친절을 낳는다고 믿는다. "내가 깨달은 건 나 자신을 잊고 다른 사람들에게 집중할 때 더 행복해진다는 사실이에요." 라르스는 주차 단속 요원인 척 나타나서 남을 배려해서 주차했거나 일렬 주차의 훌륭한 본보기를 보여준 차량 앞

유리창에 상장을 놓아두는 실험을 벌인 적도 있다.

그는 훈훈한 미담을 공유하는 페이스북 사이트를 개설하기도 했다. 그 사이트는 2012년 덴마크에서 가장 급성장한 사이트로 등극했고, 현재 회원수가 20만 명에 달한다. 인구 550만 명인 나라에서는 제법 괜찮은 성적이다.

이 사이트에는 친절해지자고, 선행을 베풀자고 사람들을 독려하는 미담이 수천 건에 달한다. 낯선 사람을 집까지 태워다 준 사람. 슬퍼 보이는 친구에게 장난감을 준 아이. 병원 대기실에는 털실과 뜨개바늘과 뜨다 만 목도리와 함께 이런 쪽지가 놓여 있기도 했다. “기다리는 동안 뜨개질을 하셔도 좋아요. 완성되면 노숙자에게 선물할 목도리예요.”

작년에 라르스와 그의 동료들은 친절의 효과를 검증하는 실험을 했다. 그들은 981명의 참가자를 무작위로, 한쪽은 전과 다름없이 행동하는 대조군과 나머지 한쪽은 1주일 동안 매일 하나씩 선행을 베풀기로 한 실험군으로 나누었다. 참가자들은 실험 전후에 삶의 질과 관련된 다양한 질문을 받았다. 실험 결과에 따르면 1주일 동안 선행을 베푼 사람들은 화내는 일이 줄고, 더 많이 웃고, 전보다 활기를 느낀 것으로 밝혀졌다.

참가자들은 어떤 선행을 베풀었는지 기록으로 남겼다. 40대 여성 참가자는 이렇게 썼다.

“플로드볼(초콜릿을 입힌 슈크림 – 옮긴이)을 먹겠느냐고 물었더니 슈퍼마켓 캐셔가 깜짝 놀라는 표정을 지었다. 기분이 얼마나 좋았는지 모른다. 여섯 살과 열 살짜리 아이들을 데리고 갔는데 슈퍼마켓을 나섰을 때 아이들이 얘기했다. ‘아까 재미있었어요. 엄마, 또 해도 돼요?’ 아이들에게 중요한 씨앗을 심어준 듯한 기분이 들었다."

이 세상을 좀 더 친절하고 행복한 곳으로 만들려고 노력하는 사람들은 라르스 말고도 많다. 영국에서는 행복운동이라는 단체가 친절이 행복한 삶의 열쇠라고 홍보 중이고, 미국에서는 우연한친절재단이 '우연한 친절 운동가'가 되자며 사람들을 독려하고 있다. 내가 생각하기에 대부분의 사람들에게는 남을 돕고 싶어 하는 마음이 있다. 방법을 모를 뿐이다.

선행을 베풀 수 있는 방법을 알려주는 다른 플랫폼도 있다. '비 마이 아이스'는 라이브 비디오를 통해 전 세계 시각장애인과 시각 질환자를 도우미와 연결시켜주는 덴마크의 앱이다. 무료로 다운받아서 쓸 수 있다. 도우미들은 어울리는 색상을 추천하거나 색상을 설명해주고, 잃어버린 물건을 찾아주고, 전등이 켜졌는지 꺼졌는지 알려준다. 이 앱은 언어와 시간대에 따라 서로 짝을 지어주기 때문에 새벽 4시에 도움을 받을 일이 생기더라도 누굴 깨워야 하는 건 아닌지 걱정할 필요가 없다.

전 세계 150개 나라에서 3만 5000명의 시각장애인과 시각질환자가 이 앱을 통해 50만여 명의 도우미들에게 도움을 받았다. 그러니까 도움이 필요한 사람 1명당 도우미가 14명에 이르는 셈이다. 이 사례는 방법을 알려주면, 친절을 베풀려고 하는 사람이 얼마나 많은지 보여준다.

HAPPINESS TIP

우연한 친절 운동가 되기

우연한 친절을 베풀어보자.

'www.randomactsofkindness.org'에 가입해서 전 세계 친절 공동체의 회원이 되거나 덴마크의 퍽킹 플링크(www.fuckingflink.dk/) 같은 커뮤니티 활동에 참여해보자.

진심으로 칭찬을 건네거나, 길을 찾는 관광객을 돕거나, 재미있게 읽은 책을 빌려주거나, 소중한 사람에게 감사하는 마음을 표현하는 등 작은 것부터 시작해보자.

세계 각국의 친절

프리 헬프 가이 — 영국 런던

무료로, 익명으로 누군가를 돕는 데서 삶의 의미와 행복을 찾았다. (250~254쪽 참조)

선물 공감 프로젝트 — 인도 하이데라바드

부잣집 아이와 가난한 집 아이가 짝을 이뤄서 직접 만든 선물을 교환하는 방식으로 사회 장벽을 허물었다.

노숙자들에게 도움의 손길을 — 폴란드 바르샤바

광장 한복판에 높다란 서랍장을 설치하고 노숙자들이 각자 가장 필요한 물품을 서랍에 적는다. 누구라도 여기에 물품을 후원할 수 있다.

인간의 가장 가까운 친구를 배불리 먹이고 쓰레기도 줄인다 — 터키 이스탄불

터키의 푸게돈이라는 업체는 주인 없는 개들이 굶어 죽지 않도록 빈 병을 개 사료로 바꿔주는 자동판매기를 개발했다. 이 스마트 리사이클링 박스는 시에서 재정 지원을 받지 않고 빈 병을 재활용해서 사료비를 충당한다.

가장 친절한 표정의 시민들 **스페인 말라가**

행복연구소가 전 세계 20여 개 도시의 길거리에서 미소의 빈도를 측정한 결과 말라가가 1위로 꼽혔다.(268쪽 참조)

낯선 사람들에게
가장 친절한 나라 **브라질 리우데자네이루**

낯선 사람이 떨어뜨린 펜을 주워주거나 길을 건너려는 시각장애인을 돕는 실험을 벌인 결과, 브라질이 가장 친절한 나라로 꼽혔다.(272~274쪽 참조)

9장

퍼즐 조각들을 끼워 맞추면

우리가 부정적인 측면에 초점을 맞추는 이유

우리가 부정적인 측면에 초점을 맞추는 이유는 뭘까?
어쩌면 부정적인 사람들이 더 똑똑해 보이기 때문일지 모른다.

"우리는 투덜거리는 걸 좋아하거든요" 프랑스의 릴 가톨릭대학교에서 강연했을 때 한 청중이 프랑스가 행복지수에서 비교적 낮은 등수를 기록한 수수께끼 같은 현상에 대해 이런 해답을 제시했다.

"프랑스 사람들은 투덜거리는 걸 좋아하거든요."

그런데 몇 주 뒤에 어느 에스토니아 사람이 내게 말했다. "에스토니아는 여러모로 훌륭한 나라이지만 에스토니아 사람들은 투덜거리는 걸 좋아해요." 6개월 뒤에 또 다른 누군가가 얘기했다. "우리는 포르투갈 출신이거든요. 투덜거리는 걸 좋아하죠."

어쩌면 투덜거리기는 프랑스의 특징도, 에스토니아의 특징도, 포르투갈의 특징도 아닐지 모른다. 인간의 특징일지 모른다. 우리는 모두 투덜거리는 걸 좋아한다.

*실제 있는 단어는 아님

사실 나는 '투덜거림의 즐거움'을 뜻하는 단어가 있어야 한다고 생각한다. 그러니까 하나 만들어보자. '우리에게 벨차메르츠Weltschmerz(직역하면 '세상의 고통', 즉 세속에서 야기되는 슬픔을 뜻한다)와 샤덴프로이데Schadenfreude(타인의 고통에서 느껴지는 기쁨)' 같은 단어는 선물이지 않은가.

우리가 부정적인 측면에 초점을 맞추는 이유는 뭘까? 어쩌면 부정적인 사람들이 더 똑똑해 보이기 때문일지 모른다. 논문 〈영리하지만

잔인한〉을 통해 소개했다시피, 하버드 경영대학원 교수 테레사 애머빌은 사람들에게 《뉴욕 타임스》에서 선별한 서평을 보여주며 서평자의 지적 능력을 평가해달라고 했다. 그녀는 서평을 살짝 바꿔서 긍정적인 버전과 부정적인 버전으로 만들었다. '탁월한'을 '평범한'으로 바꾸거나 '실력 있는'을 '무능한'으로 바꾸는 등 실제 쓰인 단어들을 아주 살짝 교체한 것이다.

긍정적인 서평은 예컨대 이런 식이었다.

"앨빈 하터는 128쪽에 달하는 탁월한 처녀작을 통해 미국의 젊고 실력 있는 작가로서의 면모를 유감없이 발휘했다. 《긴 새벽》은 어마어마한 여운을 남기는 중편소설이다. 혹은 산문 같은 시라고 해도 될 만하다. 삶, 사랑, 죽음 등 기본적인 주제를 다루며 강렬한 분위기로 페이지마다 빼어난 필력의 새로운 경지를 보여준다."

부정적인 서평은 예컨대 이런 식이었다.

"앨빈 하터는 128쪽에 달하는 평범한 처녀작을 통해 미국의 젊고 무능한 작가로서의 면모를 유감없이 발휘했다. 《긴 새벽》은 별다른 여운을 남기는 못하는 중편소설이다. 혹은 산문 같은 시라고 해도 될 만하다. 삶, 사랑, 죽음 등 기본적인 주제를 다루며 졸렬한 분위기로 페이지마다 형편없는 필력의 새로운 경지를 보여준다."

참가자의 절반은 첫 번째 서평을 읽고 나머지 절반은 두 번째 서평을 읽은 다음 양쪽 모두 서평자의 지적 능력과 전문성을 점수로 매겼다. 몇 개의 단어를 긍정적 혹은 부정적으로 고쳤을 뿐, 쓰인 단어가 거의 동일했는데도 참가자들은 부정적인 서평자가 지적 능력이 14퍼센트, 전문성이 16퍼센트 더 높을 것으로 추측했다. 이를 통해 애머빌 교수는 "불길하고 암울한 미래를 예언하는 사람이 현명하고 통찰력 있어 보인다"는 결론을 내렸다. 좋은 말은 누구든 할 수 있고, 비평을 하려면 전문적인 지식이 있어야 한다고 생각하는 것이다.

그러니까 우리가 좀 더 똑똑해 보이고 싶은 마음에 투덜거리는 것인지는 모르지만 진화론적인 이유에서 부정적이거나 좋지 않은 사건에 돋보기를 들이대도록 만들어졌을 수도 있다. 위험을 내포한 사건을 기억하는 종족일수록 생존 가능성이 높아지니 말이다.

대부분의 사람들이 칭찬보다 비판을 훨씬 잘 기억한다. 나는 학교 성적이 우수한 편이었는데, 토씨 하나까지 정확하게 기억하는 유일한 평가가 있다면 운동에는 전혀 소질이 없다고 했던 체육 선생님의 말이다.

행복의 퍼즐 조각을 모아서

궁정적인 면을 기억하고, 긍정적인 면에 집중하며,
뭐가 최선인지 파악하는 능력은 저절로 생기는 게 아니다.

지금까지 말한 퍼즐 조각들을 한데 짜 맞추면 앞으로 더욱 행복한 날들을 보낼 수 있을 뿐 아니라 후손들을 위해 더 나은 미래를 건설할 수도 있다. 친절은 신뢰와 협동의 정신을 양산한다. 공동 텃밭을 가꾸면 건강에도 좋고 유대감도 기를 수 있다. 자유는 수입과 관계없이 행복을 누릴 수 있도록 우리 삶을 정리하는 것을 의미한다. 어떤 사람들이 다른 사람들보다 행복한 이유를 설명하는 모든 요소는 서로 연결되어 있다.

의식적인 노력인지 아니면 우연한 행운인지 몰라도 이미 이 퍼즐 조각들을 짜 맞추기 시작한 지역이 있다. 그중 한 곳이 요크셔의 토드모던이다. 인구가 5만 명인 평범한 이 도시에서는 약 10년 전에 몇몇 시민이 혁명의 불씨를 당겼다. 토드모던 시의회 의장을 역임한 여성 사업가 팸 워허스트가 그들 중 한 명이다. 그녀는 이렇게 설명했다.

"'로컬푸드로 세상을 바꿔보실 분?' 우리는 이런 모토 아래 카페에서 회의를 열었다. 60명이 참석했다. 잠시 이야기가 오가고 한 사람이 자리에서 일어났다. '그냥 시작하면 되지 않겠어요? 채소를 키워서 나눠 먹으면 끝이잖아요. 보고서를 써야 하는 것도 아니고 더 얘기할 게 뭐 있어요? 그냥 시작하면 되지.' 여기저기서 폭소가 터졌다. 그 순간, 나는 뭔가가 시작됐음을 느낄 수 있었다." 이것이 인크레더블 에더블 Incredible Edible 운동의 시작이었다.

토드모던에서는 곳곳의 공터마다 육묘판과 과실수와 텃밭이 자리잡고 있다. 여기에 담긴 메시지는 모든 이에게 똑같다. '가져가세요. 무료입니다.'

모든 학교가 채소와 과일을 재배한다. 아이들이 학교 텃밭 일을 돕고 학교에서는 농예를 가르친다. 이 운동 덕분에 음식과 건강을 대하는 학생들의 사고방식이 달라지고 있다. 그곳 주민들은 이 운동을 선전용 텃밭 가꾸기라고 부른다. 이들은 연령과 성별과 문화를 뛰어넘어 공동체를 하나로 묶는 언어를 찾아냈다.

인간은 누구나 먹어야 한다. 먹는다는 것은 당연히 음식의 문제이지만 모두 한데 아우를 수 있는 공통의 기반을 찾는 문제이기도 하다.

토드모던에서는 모든 사람이 이 프로젝트에서 맡은 역할이 있다. 누구는 채소를 재배하고 누구는 육묘판에 꽂을 푯말을 디자인하고 누구는 요리를 한다. 정기적으로 참여해도 되고 '협력자' 명단에 이름을 올려도 된다.

인크레더블 에더블 운동은 공동체, 교육, 비즈니스 등 세 가지 분야로 이뤄진다. 공동체는 이곳 주민들의 일상생활과 관련된 부분이다. 교육은 학교에서 아이들에게 무엇을 가르칠 것이며, 아이들끼리 어떤 기술을 공유하고 서로 가르칠까에 관한 것이다. 비즈니스적인 측면은 이 운동을 통해 거둔 수익으로 무엇을 할 것이며 어떤 사업을 선택해 후원할 것인가와 관련돼 있다.

이를 통해 이들은 지역경제를 신뢰하게 되었고 채소 관광이라는 신종 상품을 개발했다. 지역에서 생산된 식료품의 매장 점유율이 높아졌다. 식료품 판매업자의 49퍼센트가 인크레더블 에더블 운동 덕분에 수익이 늘었다고 한다. 자체적으로 닭을 키워서 달걀을 팔 수 있도록 '모든 달걀이 중요해' 캠페인도 시작했다. 달걀이 어디서 판매되고 있는지 온라인 지도상에 표시된다. 처음에는 생산자가 4명에 불과했는데 지금은 60명이 넘는다.

세 가지 분야가 됐건 행복의 여섯 가지 요소가 됐건 이는 모두 서로가 서로를 보강한다. 그리고 토드모던에서는 전략서 하나 없이, 정부의 지원 한 푼 없이 이 모든 걸 해냈다. 이 운동은 영국과 전 세계로 번져 나가고 있다. 이미 100여 개 지역의 주민들이 스스로 단순한 소비자

라는 생각을 버리고 시민으로서 행동하기 시작했다. 이미 100여 개 지역의 주민들이 자신의 공동체와 삶을 어떤 식으로 개조할 수 있을지 다시 고민하고 있다. 이미 100여 개 지역의 주민들이 문화인류학자 마거릿 미드의 믿음을 입증하고 있다.

> "생각이 깊고 헌신적인 소수의 시민들이 세상을 바꿀 수 있을지 의심하지 마라. 사실 지금까지 세상은 오로지 그들에 의해 바뀌어왔다."

HAPPINESS TIP

아직 이 세상은 살 만한 곳이라는 느낌을 심어보자

행복의 여섯 가지 요소를 서로 결합하자.

이제 여러분은 세상을 좀 더 행복한 곳으로 만들 수 있을지 감을 잡게 되었을 것이다. 우리가 이 책을 통해 살핀 다섯 가지 요소와 친절한 마음씨를 결합시켜보자.

경제적인 능력을 통해 친절한 마음씨를 보여줄 수도 있다. 10파운드를 어떤 일에, 누굴 위해 쓰면 가장 큰 행복을 느낄 수 있을지 생각해보자. 자선 달리기 대회에 참가하는 식으로 건강과 친절한 마음씨를 결합할 수도 있다. 낯선 사람에게 친절을 베풂으로써 아직 이 세상은 살 만한 곳이라는 느낌을 심어줄 수도 있다. 그러니까 다시 말해서 퍼즐 조각들을 짜 맞추어보자는 얘기다.

우리에게는 방법을 모색하려는 태도가 필요하다

우리가 직면한 도전 과제를 폄하하려는 게 이 책의 출간 의도는 아니다. 나도 수많은 사람들이 얼마나 고군분투하고 있고, 우리가 얼마나 힘든 시대에 놓여 있으며, 인류 대다수가 얼마나 큰 짐을 짊어지고 있는지 뼈저리게 실감하고 있다. 하지만 두려움과 불신과 냉소라는 여유를 부릴 겨를이 없다. 그런 여유를 부려봐야 행복한 세상에 한 걸음 더 가까워지지 않는다.

신뢰와 협동심과 서로가 서로의 수호자라는 깨달음이 있어야 앞으로 나아갈 수 있다. 두려움에서 벗어나 모르는 사람들에게도 친절을 베풀어야 앞으로 나아갈 수 있다. 건강하고 행복한 삶을 보장할 수 있도록 우리 도시를 재편하고 삶의 질에 따라다니는 가격표를 떼어야 앞으로 나아갈 수 있다. 지금은 이 세상의 좋은 점을 찾아야 할 때다. 그런 면에서 여러분의 도움이 필요하다.

내가 이 책을 출간한 이유는 여러분과 함께 보물을 찾으러 나서기 위해서다. 우리가 지금까지 행복이라는 황금이 담긴 상자를 몇 개 찾아내긴 했지만, 아직도 곳곳에 숨겨진 상자가 많다는 데 여러분도 동의해주었으면 좋겠다. 그렇기 때문에 여러분을 내 눈 삼아 행복의 여정을 계속 이어 나가고 싶다. 이 세상의 좋은 점을 찾아내 여기저기 알리고 다 같이 힘을 합쳐서 전파하고 싶다.

신고 정신을 고취하는 용도로 쓰였던 '수상한 낌새가 보이면 제보해주시기 바랍니다'라는 슬로건을 긍정적인 방향으로 살짝 바꾸어보자. 세상의 행복을 증진하는 데 도움이 될 만한 게 보이면 제보하고, 글로 전달하고, 영상으로 담고 사진으로 찍어서 주변에 퍼뜨리자.

행복연구소는 SNS상에서 '#Look4Lykke'라는 해시태그를 추적하려고 한다. 무엇이 삶의 질을 개선하는 효과가 있었는지 제보해주기 바란다. 주변 사람들과 사회가 어떤 식으로 행복의 기틀을 마련하고 있는지 말이다. 우리는 미니 도서관과 공통 텃밭과 온갖 기발한 장치들을 찾고 있다. 여러분이 사는 세상에 긍정적인 영향을 미치는 사람들과 번뜩이는 아이디어가 담긴 사연에 귀를 기울이고 있다.

어떻게 하면 세상에 긍정적인 영향을 미칠 수 있을지 방법을 모색하는 것이 가장 중요하다. 꿈을 꾸는 사람들, 실천하는 사람들이 좀 더 많아져야 한다. 친절의 창조자와 행복의 영웅이 좀 더 많아져야 한다. 우리 모두에게는 이런 태도가 필요하다.

요즘 세태를 감안했을 때 이걸 덧없는 바람으로 간주하는 사람이 있을지도 모른다. 하지만 세상에 덧없는 바람이라는 게 있을까?

비관주의자로 지낼 이유는 없다. 비관주의는 아무짝에도 쓸모없지 않은가.

사진 출처

p. 023 Kostenko Maxim/Shutterstock
p. 026 Ty Stange/Copenhagenmediacenter
p. 028 Kay Wiegand/Shutterstock
p. 036 D A Barnes/Alamy Stock Photo
p. 045 Kristian Pontoppidan Larsen/recordingsofnature.wordpress.com
p. 047 Africa Studio/Shutterstock
p. 051 Copenhagenmediacenter
p. 056 Ty Stange/Copenhagenmediacenter
p. 059 Watcharin wimanjaturong/Shutterstock
p. 068 Shani Graham/ecoburbia.com
p. 079 Rasmus Flindt Pedersen/Copenhagenmediacenter
p. 089 Route66/Shutterstock
p. 093 Ekaterina Pokrovsky/Shutterstock
p. 094 Graphic Compressor/Shutterstock
p. 101 PixieMe/Shutterstock
p. 107 Monstar Studio/Shutterstock
p. 114 adapted from a photo by Lisovskaya Natalia/Shutterstock
p. 121 Alexilena/Shutterstock
p. 122 Photo_master2000/Shutterstock
p. 124 James Whitlock/Shutterstock
p. 126 Kim Chongkeat/Shutterstock
p. 137 Jonathan Nackstrand/Shutterstock
p. 145 Daxiao Productions/Shutterstock
p. 149 Kasper Thye/Copenhagenmediacenter
p. 152 IR Stone/Shutterstock
p. 157 Skylines/Shutterstock
p. 160 Freebilly/Shutterstock
p. 165 Daria Garnik/Shutterstock
p. 175 Mapics/Shutterstock
p. 177 Rawpixel.com/Shutterstock
p. 180 Nataly Dauer/Shutterstock
p. 182 Rawpixel.com/Shutterstock
p. 192 Purepix/Alamy Stock Photo
p. 195 Iravgustin/Shutterstock
p. 207 E2dan/Shutterstock
p. 220 Tatiana Bobkova/Shutterstock
p. 230 Rishiken/Shutterstock
p. 236 Studio 72/Shutterstock
p. 245 Tim Gainey/Alamy Stock Photo
p. 251 All Around Photo/Shutterstock
p. 261 Purino/Shutterstock
p. 264 Rawpixel.com/Shutterstock
p. 273 Marchello74/Shutterstock
p. 281 Stanislaw Mikulski/Shutterstock
p. 288 Chainarong06/Shutterstock
p. 290 Alastair Wallace / Shutterstock
p. 294 G-stockstudio/Shutterstock

리케,

세계에서 가장 행복한 사람들의 비밀

초판 1쇄 인쇄 2019년 4월 15일
초판 1쇄 발행 2019년 4월 26일

지은이 마이크 비킹
옮긴이 이은선
펴낸이 유정연

주간 백지선
책임편집 김경애 **기획편집** 장보금 신성식 조현주 김수진 **디자인** 안수진 김소진
마케팅 임충진 임우열 이다영 김보미 **제작** 임정호 **경영지원** 전선영

펴낸곳 흐름출판(주) **출판등록** 제313-2003-199호(2003년 5월 28일)
주소 서울시 마포구 홍익로5길 59 남성빌딩 2층
전화 (02)325-4944 **팩스** (02)325-4945 **이메일** book@hbooks.co.kr
홈페이지 http://www.hbooks.co.kr **블로그** blog.naver.com/nextwave7
출력·인쇄·제본 (주)상지사 **용지** 월드페이퍼(주) **후가공** (주)이지앤비(특허 제10-1081185호)

ISBN 978-89-6596-311-0 03300

- 흐름출판은 독자 여러분의 투고를 기다리고 있습니다. 원고가 있으신 분은 book@hbooks.co.kr로 간단한 개요와 취지, 연락처 등을 보내주세요. 머뭇거리지 말고 문을 두드리세요.
- 파손된 책은 구입하신 서점에서 교환해 드리며 책값은 뒤표지에 있습니다.

이 도서의 국립중앙도서관 출판예정도서목록(CIP)은 서지정보유통지원시스템 홈페이지(http://seoji.nl.go.kr)와 국가자료공동목록시스템(http://www.nl.go.kr/kolisnet)에서 이용하실 수 있습니다.(CIP제어번호: CIP2019009253)